Acquisition.com Volume II

$100M Leads
Résumé et cahier d'exercices

Comment inciter des inconnus à vouloir acheter vos produits

ALEX HORMOZI

Table des matières

COMMENT UTILISER CE RÉSUMÉ ET CAHIER D'EXERCICES

Beaucoup de gens achètent des résumés et des cahiers d'exercices parce que les auteurs font un mauvais travail d'édition de leurs livres, où abondent les contenus accessoires. Avec *$100M Leads*, ce n'est pas le cas. Le livre est bien fourni. Mais certaines personnes préfèreraient le lire sans les histoires qui illustrent les points abordés, et avec moins d'exemples. Dans ce résumé, j'ai donc fait cinq choses différentes par rapport au livre :

1) *Suppression* des histoires (si vous en appréciez, lisez le livre principal)

2) *Suppression* de la plupart des exemples (si vous en voulez plus, lisez le livre principal)

3) *Suppression* de la plupart des transitions et des introductions

4) *Suppression* des explications sur les rouages de la publicité

5) *Remplacement* des « actions par étapes » par des exercices.

Le résultat est un résumé avec des exercices qui réduisent le nombre de mots du livre original d'environ deux tiers. Le livre principal - *$100M Leads* - peut être lu en quatre heures environ. Ce résumé et ce cahier d'exercices devraient vous prendre environ un tiers de ce temps (60-90 minutes). Si vous le trouvez intéressant, je vous recommande vivement de lire le livre principal.

Si vous avez déjà lu le livre, utilisez-le pour réviser et vous concentrer sur les exercices.

Si vous n'avez pas lu le livre principal, vous obtiendrez ce dont vous avez besoin pour appliquer les principaux concepts à votre activité.

Utilisez-les. Enrichissez-vous. Profitez-en. – Alex

SECTION I : COMMENCER ICI

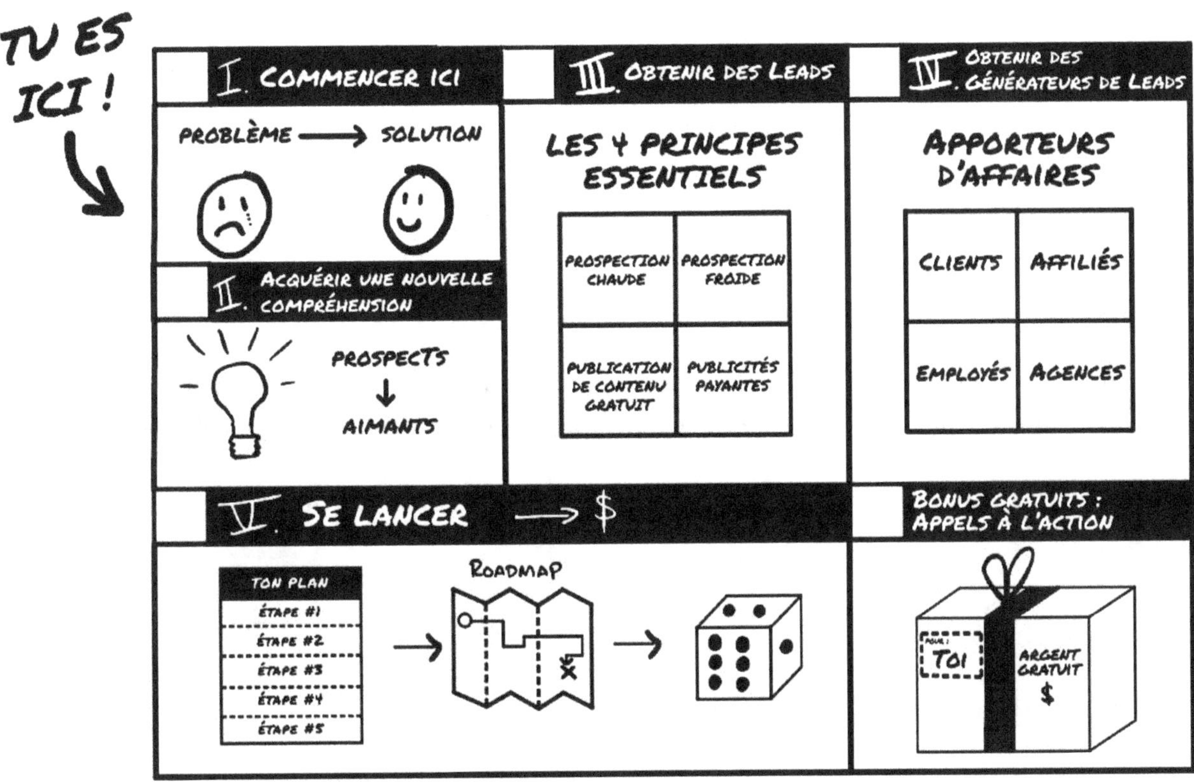

Il faut vendre des produits pour faire de l'argent. Cette idée semble assez simple, mais tout le monde essaie de passer directement à l'étape « faire de l'argent ». Ce n'est pas comme ça que ça marche. J'ai essayé. Vous avez besoin de toutes les pièces. Vous avez besoin de vendre quelque chose - une offre. Vous avez besoin de personnes à qui la vendre - des leads. Ensuite, il faut que ces personnes achètent le produit - les ventes. Une fois que vous avez mis tous ces éléments en place, vous pouvez gagner de l'argent.

Mon premier livre, *Des offres à 100 millions de dollars ($100M Offers)*, couvre la première étape et vous donne les éléments nécessaires. Il répond à la sempiternelle question « Que dois-je vendre ?». La réponse : une offre si irrésistible que les gens se sentiraient stupides de refuser. Mais les inconnus ne peuvent acheter vos produits que s'ils savent que vous existez. Pour cela, il faut des leads. Le terme « leads » a de multiples significations pour de différentes personnes. Mais la plupart sont d'accord pour dire qu'il s'agit de la première condition pour recruter de nouveaux clients. En termes plus simples, cela signifie donc qu'il y a un problème à résoudre et de l'argent à dépenser.

Si vous lisez ce livre, vous savez déjà que les leads n'apparaissent pas par magie. Vous devez aller les chercher. Plus précisément, vous devez les aider à vous trouver pour qu'ils puissent acheter vos produits ! Et le mieux, c'est que vous n'avez pas besoin d'attendre... vous pouvez les forcer à vous trouver. C'est possible en faisant de la publicité.

La publicité, *qui consiste à faire connaître quelque chose,* permet à des inconnus de connaître les produits que vous vendez. Si le nombre de personnes qui connaissent vos produits augmente, vous vendez plus de produits. Si vous vendez plus de produits, vous gagnez plus d'argent. *Avoir des tas de leads fait qu'il soit difficile d'être pauvre.*

La publicité vous permet d'avoir un produit nul... et de gagner de l'argent tout de même. Elle vous permet d'être nul en vente... et de gagner de l'argent tout de même. Elle vous permet de faire une tonne d'erreurs et de *gagner de l'argent tout de même.* Bref, cette compétence vous donne une infinité de chances de *bien faire les choses.*

Et dans le monde impitoyable des affaires, les secondes chances sont difficiles à trouver. Alors autant faire le plein. *La publicité est une compétence qui vaut la peine d'être acquise.*

Et ce livre, *$100M Leads Résumé et cahier d'exercices,* vous explique *exactement* comment faire.

Voici la démarche :

Tout d'abord, il explique comment fonctionne la publicité.

Deuxièmement, il révèle les quatre piliers pour générer des leads.

Troisièmement, il vous montre comment amener d'autres personnes à le faire pour vous.

Enfin, il se termine par un plan publicitaire d'une page que vous pouvez utiliser pour développer votre activité *dès aujourd'hui.*

Pourquoi m'écouter ?

Je fais de la publicité dans divers secteurs via ma société de portefeuille Acquisition.com. Notre portefeuille comprend des logiciels, du commerce électronique, des services aux entreprises, des services aux consommateurs, des chaînes de brick & mortar, des produits numériques, et un grand nombre d'autres secteurs. Ensemble, ils représentent un chiffre d'affaires annuel de plus de 250 millions de dollars. Et ils y parviennent en obtenant plus de 20 000 leads par jour pour vendre des offres qui vont de 1 $ à plus de 1 000 000 $.

Sur le plan personnel, j'ai un retour sur investissement publicitaire moyen de 36:1 sur l'ensemble de ma vie. Cela revient à dire que pour chaque dollar dépensé en publicité, je récupère 36 dollars. Soit un rendement de 3600 %. Certaines personnes ont bâti leur fortune sur le marché boursier, d'autres sur l'immobilier. Moi, j'ai construit la mienne en faisant de la *publicité*.

$100M Leads Résumé et cahier d'exercices consiste à amener des inconnus à *s'intéresser* à ce que vous vendez. Et une fois que je vous aurai transmis cette compétence, c'est à vous de l'utiliser.

Ceci dit, devenons riches, vous êtes d'accord ?

Conseil de pro : Apprendre plus vite et plus profondément en lisant et en écoutant en même temps

Voici une astuce que j'ai découverte par hasard il y a quelques années. Si vous écoutez un livre audio et que vous lisez le livre physique ou l'ebook en même temps, vous lisez plus vite et vous vous retenez mieux et vous stockez le contenu dans plus de zones de votre cerveau. C'est génial. C'est ainsi que je lis les livres qui valent la peine d'être lus. Je fais aussi les deux parce que j'ai du mal à rester concentré. Si j'écoute l'audio pendant que je lis, cela me permet de ne pas me disperser. Il m'a fallu deux jours pour enregistrer ce livre à haute voix. Je l'ai fait pour que vous ne soyez plus confronté à la même difficulté que moi.

Si vous voulez essayer, prenez la version audio et jugez par vous-même. J'ai fait en sorte que mes livres soient aussi bon marché que les plateformes me le permettent, donc ce n'est pas un stratagème pour gagner quelques sous de plus - je vous le promets. J'espère que vous le trouverez aussi utile que moi.

Je me suis dit que je devais présenter ce « tuyau » dès le début. De cette façon, vous aurez une chance de le faire si vous avez trouvé le premier chapitre suffisamment intéressant pour mériter votre attention.

Conseil de pro : astuce pour terminer les livres

Je me laisse facilement distraire. J'ai donc besoin de petites astuces pour garder mon attention. Celle-ci m'aide beaucoup : <u>Finir les chapitres. Ne vous arrêtez pas au milieu.</u> Terminer un chapitre vous donne un renforcement positif.

Cela vous pousse à continuer. Donc, si vous rencontrez un chapitre difficile, terminez-le afin de pouvoir repartir à neuf avec le suivant.

Le problème que ce livre résout

« Leads, des tas de leads ».

Vous avez un problème : *Trop peu de gens connaissent vos produits. Vous devez donc faire plus de publicité et le faire mieux.*

Comment ce livre le résout :

$100M Leads Résumé et cahier d'exercices se concentre sur le recrutement d'un plus grand nombre de clients. Vous augmentez le nombre de clients en obtenant :

1) Plus de leads

2) De meilleurs leads

3) Des leads moins coûteux

4) De façon fiable (« issus de beaucoup d'endroits »)

Conclusion : Toute autre chose étant égale... <u>lorsque vous doublez vos leads, vous dou-blez votre chiffre d'affaires.</u>

En un mot, je vais vous montrer comment amener des inconnus à vouloir acheter vos produits.

Grandes lignes de ce livre

J'ai conçu ce livre en partant de zéro client, zéro leads, zéro publicité, zéro argent, zéro compétences (Section II) pour arriver à un maximum de clients, un maximum de leads, un maximum de publicité, un maximum d'argent et un maximum de compétences (Section IV). Ainsi, nous passons de l'obtention de votre premier lead à la construction d'une machine à leads de plus de 100 000 000 $. Voici la répartition :

Section I : Vous êtes sur le point de terminer votre lecture.

Section II : Je révèle ce qui fait que la publicité fonctionne *vraiment*.

Section III : Nous apprenons le « CORE FOUR » (Quatre Piliers) de la publicité. Il n'y a que quatre façons d'obtenir des leads. Par conséquent, s'il existe la plus importante des sections « Comment faire », c'est bien celle-ci.

Section IV : Nous apprenons comment faire en sorte que d'autres personnes (clients, employés, agences et affiliés) fassent tout cela pour vous. C'est ainsi que s'achève l'assemblage de votre machine à *100 millions de dollars de leads* qui fonctionne à plein régime.

Section V : Nous terminons par un plan publicitaire d'une page que vous pouvez utiliser pour obtenir plus de leads dès aujourd'hui.

TICKET D'OR

Nous investissons dans des entreprises dont les bénéfices sont supérieurs à 1 000 000 $ pour les aider à passer à une plus grande échelle. Si vous souhaitez que nous investissions dans votre entreprise pour qu'elle prenne de l'ampleur, rendez-vous sur le site Acquisition.com. Vous pouvez également trouver des livres et des cours gratuits si intéressants qu'ils vous permettront de développer votre entreprise sans vous demander votre autorisation. Et si vous n'aimez pas taper, vous pouvez scanner le code QR ci-contre pour les obtenir.

SECTION II : COMPRENDRE

La publicité. Simplifiée.

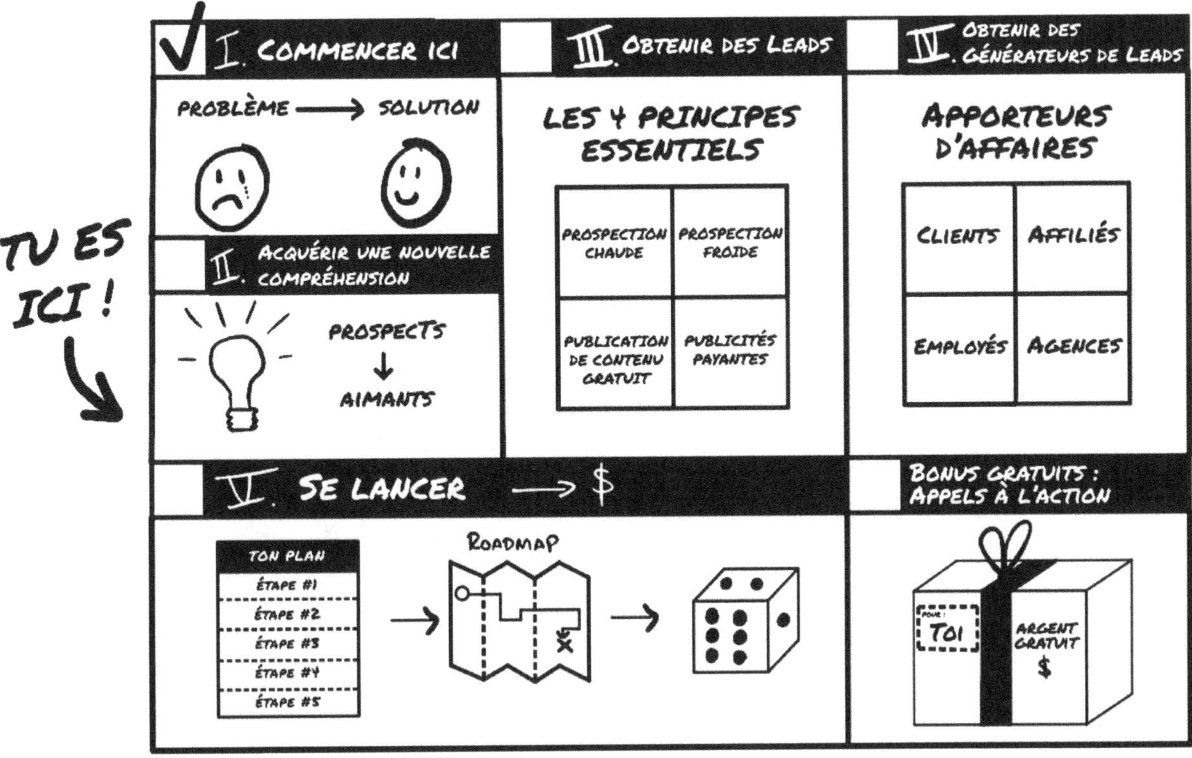

Dans cette section, nous abordons trois points pour nous assurer que la publicité fait exactement ce que nous voulons qu'elle fasse.

Tout d'abord, nous parlerons de ce qu'est un lead. Si nous voulons en obtenir davantage, nous devons être absolument sûrs que nous parlons du même sujet.

Deuxièmement, nous apprenons à distinguer les leads qui vous rapportent de l'argent de ceux qui vous font perdre du temps.

Troisièmement, je vous montre les meilleurs moyens que je connaisse pour amener les leads qui vous font gagner de l'argent à *s'intéresser aux produits que vous vendez.*

Plongeons dans le vif du sujet.

Les leads seuls ne sont pas suffisants

« Si vous ne pouvez pas expliquer quelque chose en termes simples,
c'est que vous ne la comprenez pas ».
– Dr. Richard Feynman, lauréat du prix Nobel de physique

Qu'est-ce qu'un lead, au fait ?

Un **lead** est une **personne que vous pouvez contacter.**

Ex : Si vous achetez une liste de courriels, il s'agit de leads. Si vous obtenez des informations de contact à partir d'un site web ou d'une base de données, il s'agit de leads. Les numéros dans votre téléphone sont des leads. Les gens dans la rue sont des leads. *Si vous pouvez les contacter, ce sont des leads.*

Les leads seuls ne suffisent pas...

Mais ce que j'ai fini par comprendre, c'est que *les contacts seuls ne suffisent pas*. Nous voulons **des leads *engagés*** : des personnes qui *manifestent* de l'intérêt pour les produits que vous vendez. Si quelqu'un donne ses coordonnées sur un site web, c'est un lead engagé. Si quelqu'un vous suit sur les réseaux sociaux et que vous pouvez le contacter, il s'agit d'un lead engagé. Si quelqu'un répond à votre campagne d'e-mailing, il s'agit d'un lead engagé. Les leads qui *montrent* de l'intérêt sont les leads qui comptent.

Les leads engagés sont le véritable résultat de la publicité.

L'objectif de ce livre est d'obtenir plus de leads engagés. La question est donc la suivante : *comment amener les leads à s'engager ?*

Capter l'intérêt de vos leads : Offres et « Lead Magnets »

« Je ne me drogue pas. Je suis la drogue »
— Salvador Dali

Les lead magnets (ou *aimants à leads*) incitent les leads à s'engager

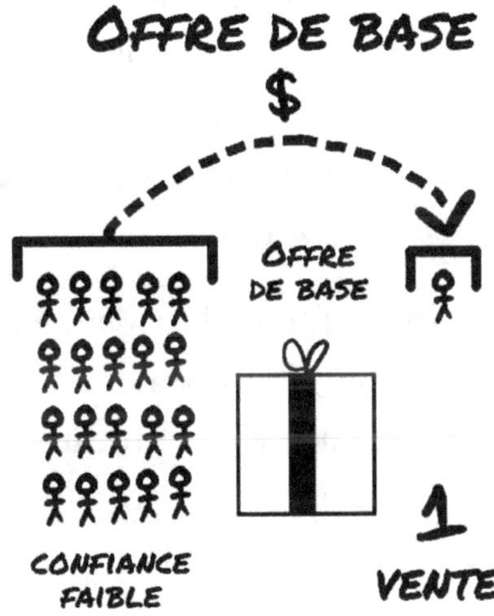

Les offres sont ce que vous promettez de donner en échange d'une certaine valeur. Souvent, une entreprise promet de donner son produit ou service en échange d'argent. Il s'agit d'une *offre de base*. Si vous faites de la publicité de votre offre principale, vous vous dirigez directement vers la vente - le canal direct vers l'argent. Faire de la publicité de votre offre principale peut être tout ce dont vous avez besoin pour inciter les clients potentiels à s'engager. Essayez d'abord cette méthode.

Que faire si la pub de votre offre principale ne fonctionne pas immédiatement...

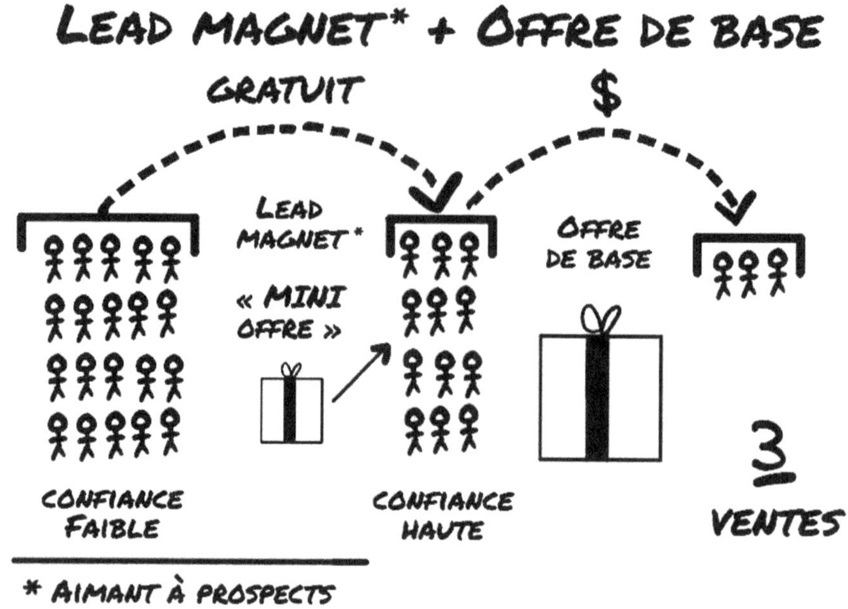

Si vous vendez des produits coûteux ou si les gens ont besoin de plus d'informations avant d'acheter, vous obtiendrez plus de leads à engager en faisant d'abord de la pub avec un lead magnet. **Un lead magnet** est une <u>solution complète à un problème précis</u>. Il s'agit généralement d'une offre gratuite ou à moindre coût, qui permet de voir qui est attiré par votre produit. Une fois le problème résolu, il révèle un autre problème *que votre offre principale peut résoudre*. C'est important, car les leads intéressés par des offres gratuites ou à moindre coût sont plus susceptibles d'acheter *plus tard* une offre associée, à coût plus élevé.

Votre lead magnet doit avoir suffisamment de valeur en soi pour qu'il soit *susceptible* d'être facturé. Une fois qu'ils l'ont obtenu, ils devraient vouloir plus de ce que vous proposez. Cela *les rapproche* un <u>peu plus</u> de l'achat du produit. <u>Une personne qui paie de son temps maintenant, est plus susceptible de payer de son argent plus tard.</u>

Un bon lead magnet permet d'obtenir plus de leads et de clients engagés qu'une offre de base seule, et ce pour moins d'argent. Alors, créons un aimant à prospects, d'accord ?

> **Conseil de pro : Même les choses gratuites ont un coût**
>
> Les gens vous donneront du temps avant de vous donner de l'argent. Mais le temps est aussi un coût. Si votre lead magnet ne vaut pas leur temps, il est trop cher. Et, qu'il soit gratuit ou non, ils n'achèteront plus rien chez vous.
>
> Voyez donc les choses sous cet angle : s'ils pensent que votre lead magnet **vaut** le temps qu'ils y consacrent, ils penseront que votre offre principale vaut leur argent.

Sept étapes pour créer un lead magnet efficace

Étape 1 : Déterminer le problème que vous voulez résoudre et pour qui vous voulez le résoudre.

Étape 2 : Déterminer comment le résoudre

Étape 3 : Décidez comment le livrer

Étape 4 : Tester le nom à lui donner

Étape 5 : Faire que sa consommation soit facile

Étape 6 : Assurez-vous qu'il soit vraiment bon

Étape 7 : Faire que ce soit facile pour les clients de vous demander plus

Étape 1 : Déterminer le problème que vous voulez résoudre et pour qui vous voulez le résoudre.

La première étape consiste à choisir le problème à résoudre. J'utilise un modèle simple pour y parvenir. Je l'appelle le cycle problème-solution. Le voici.

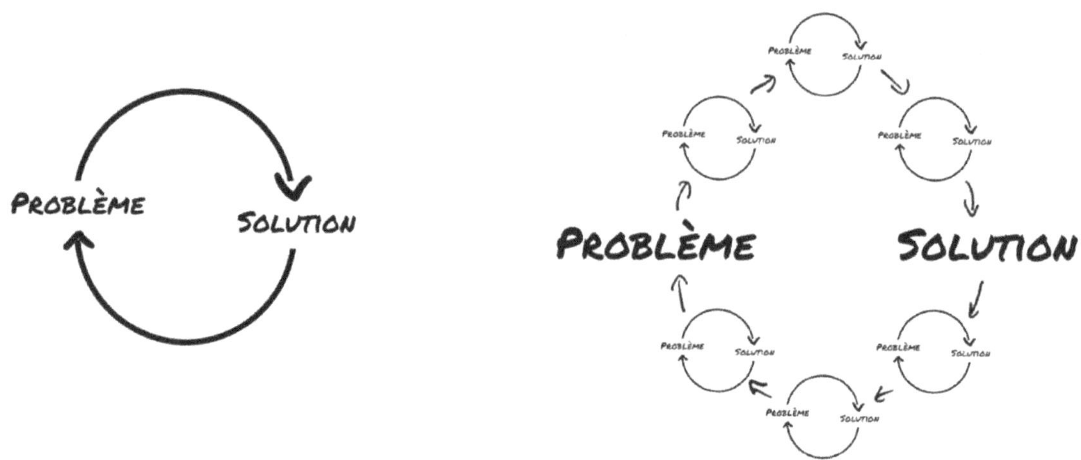

Chaque problème a une solution. Chaque solution révèle d'autres problèmes. Nous commençons par choisir un problème précis *et* pertinent. Ensuite, nous le résolvons. Et, comme nous venons de le voir, lorsque nous résolvons un problème, un nouveau problème apparaît. Et voici la question importante : *si nous parvenons à résoudre ce nouveau problème avec notre offre principale, tout est gagné.* En effet, nous résolvons ce nouveau problème *en échange d'argent.* C'est tout. Ne cherchez pas à en savoir plus.

Exercice n°1 : Prenez le problème précis que vous voulez résoudre.

Ensuite, assurez-vous que votre offre principale peut résoudre le prochain problème qui se présentera. Remplissez les phrases ci-dessous.

<u>Problème précis à résoudre</u> : Je vais aider à résoudre le problème suivant : ______

____

Cette action révèle cet autre problème : _______________________________

____

que mon offre principale pourra résoudre.

Étape 2 : Déterminez comment résoudre le problème

Il existe trois types de lead magnets, chacun offrant un type de solution différent.

Premièrement, si votre public a un problème qu'il ne connaît pas, votre lead magnet lui permettra d'en prendre conscience. Deuxièmement, vous pouvez résoudre un problème récurrent en proposant un échantillon ou un essai de votre offre principale pendant une courte période. Troisièmement, vous pouvez leur proposer une seule étape d'un processus multi-étapes qui résout un problème plus important. Les trois types résolvent un problème et en révèlent d'autres. Les trois types sont donc les suivants : 1) Révéler des problèmes, 2) Échantillons et essais, et 3) Une étape d'un processus multi-étapes.

1) **Révèle leur problème.** C'est comme un « diagnostic ». Ces lead magnets fonctionnent très bien lorsqu'ils révèlent des problèmes <u>qui s'aggravent à mesure que l'on tarde à agir</u>. <u>Ex</u> : vous effectuez un test de vitesse gratuit sur un site web pour démontrer qu'il perd de l'argent tous les jours s'il ne corrige pas le problème.

2) **Échantillons et essais.** Vous donnez un accès total mais bref à votre offre principale. Vous pouvez limiter le nombre d'utilisations, la durée d'accès ou les deux. Cela fonctionne très bien lorsque votre offre principale est une solution récurrente à un problème récurrent. <u>Ex</u> : 14 jours d'acceleration de la vitesse pour voir combien de clients supplémentaires ils reçoivent.

3) **Une étape d'un processus multi-étapes.** Lorsque votre offre principale comporte des étapes, vous pouvez offrir une étape précieuse gratuitement et le reste quand le client achète. Cela fonctionne très bien lorsque votre offre principale résout un problème plus complexe. <u>Ex</u> : Ce livre vous aide à augmenter la taille de votre entreprise. Une fois que vous avez atteint un échelle supérieure, vous avez de nouveaux problèmes que le fait de devenir une entreprise de portefeuille vous aide à résoudre.

Exercice n°2 : Choisissez comment vous voulez résoudre votre problème défini avec précision. Avec...

- ☐ Une évaluation

- ☐ Un échantillon ou un essai

- ☐ Une seule étape dans un processus multi-étapes.

Étape 3 : Décidez comment le livrer

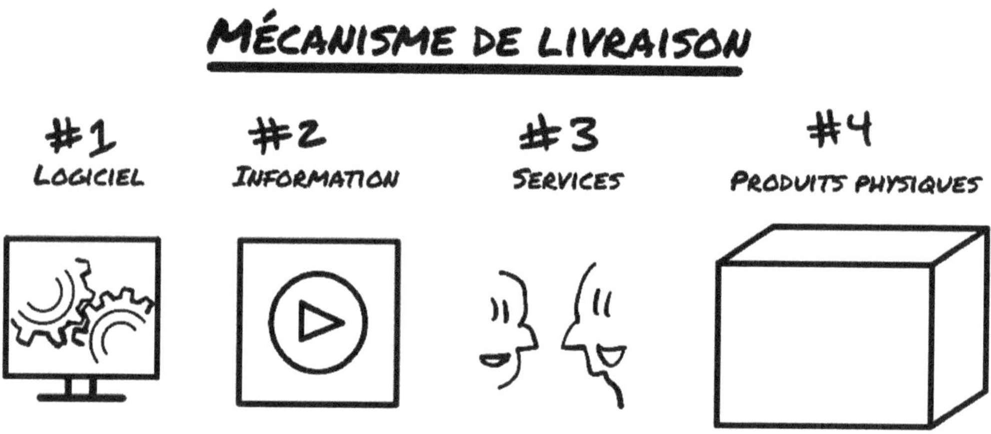

Mes lead magnets préférés utilisent des logiciels, de l'information, des services et des produits physiques pour résoudre des problèmes.

1) <u>Logiciel</u> : *Vous donnez un outil aux clients.* Si vous avez une feuille de calcul, une calculatrice ou un petit logiciel, votre technologie fait le travail pour eux.

2) <u>Information</u> : *Vous apprenez des choses à vos clients.* Cours, leçons, entretiens avec des experts, présentations de notes clés, événements en direct, erreurs et pièges, tactiques/astuces, etc. Tout ce qui peut leur être utile.

3) <u>Services</u> : *Vous faites du travail gratuit.* Ajustez leur position. Effectuez un audit du site web. Appliquer la première couche d'enduit. Transformer leur vidéo en ebook. Etc.

4) <u>Produits physiques</u> : *Vous donnez aux clients quelque chose qu'ils peuvent tenir dans leurs mains.* Un tableau d'évaluation de la position, un supplément, un petit flacon de scellant pour porte de garage, des gants de boxe pour obtenir des prospects dans les salles de boxe, etc..

Exercice n°3 : Rédigez une version de votre lead magnet pour chaque méthode de livraison et choisissez.

☐ Version du logiciel : _______________________________________

☐ Version d'information : _____________________________________

☐ Version de service : _______________________________________

☐ Version physique du produit : ______________________________

Étape 4 : Testez le nom que vous allez lui donner

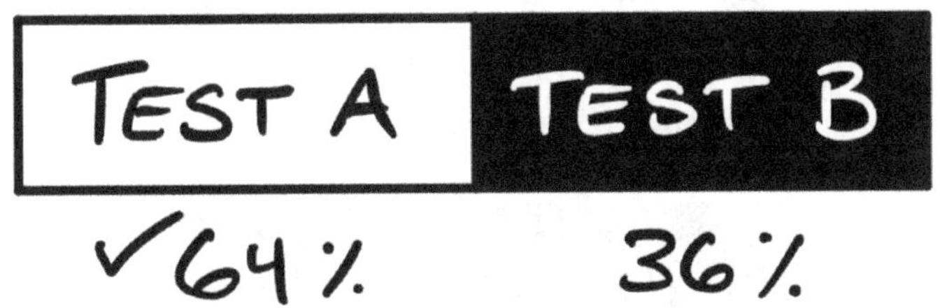

Cinq fois plus de personnes lisent votre titre que n'importe quelle autre partie de votre promotion. Les leads doivent remarquer votre lead magnet *avant* de vouloir profiter de la promotion. Cela signifie que la façon dont nous la présentons importe plus que tout. Voici ce qu'il faut faire ensuite : <u>tester</u>.

Les trois éléments à tester sont le titre, la ou les images et le sous-titre, dans cet ordre. Le titre est le plus important. Si vous ne voulez tester qu'une seule chose, testez le titre. Par exemple, je n'avais aucune idée du titre de mon livre. Voici donc ce que j'ai fait pour déterminer quel nom serait le plus efficace : **j'ai testé**. Les résultats vous surprendront peut-être autant qu'à moi.

Tests de titres

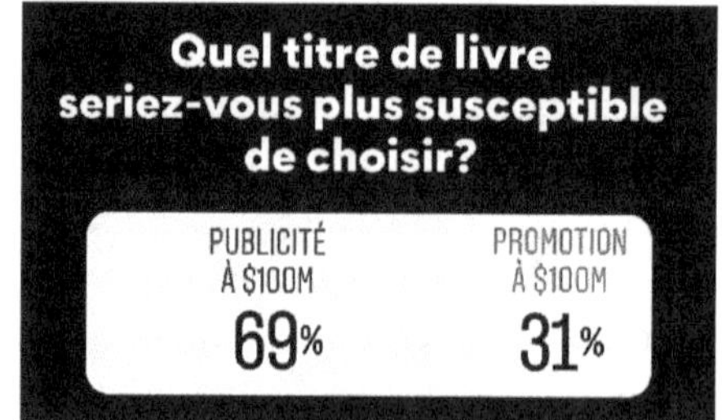

<u>Tour I</u> : Publicité ✔ vs Promotion

<u>Tour II</u> : Publicité vs Leads ✔

<u>Tour III</u> : Marketing vs Leads ✔

Test d'image

✔ Réel vs B.D.

Sous-titres

Tour I :

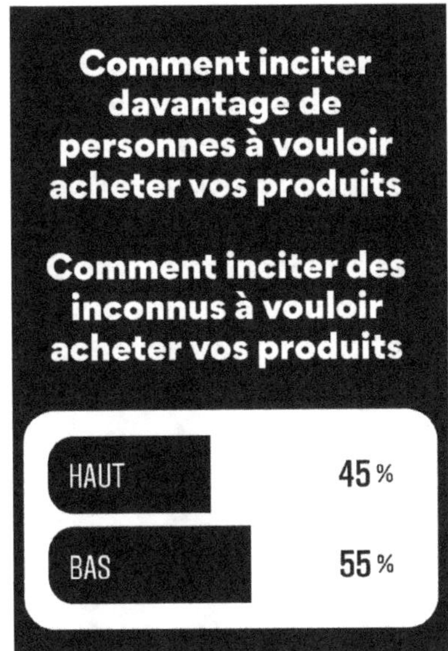

« Comment inciter davantage de personnes à vouloir acheter vos produits »

« Comment inciter des inconnus à vouloir acheter vos produits » ✔

Tour II :

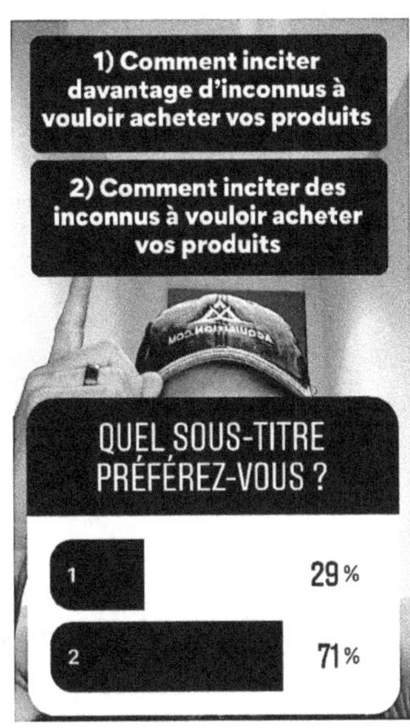

« Comment inciter davantage d'inconnus à vouloir acheter vos produits. »

« Comment inciter des inconnus à vouloir acheter vos produits » ✔

Tour III :

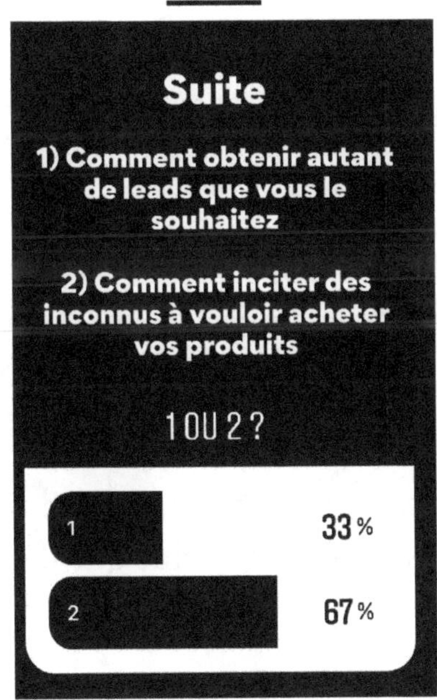

« Comment obtenir autant de leads que vous le souhaitez. »

« Comment inciter des inconnus à vouloir acheter vos produits. » ✔

Tour IV :

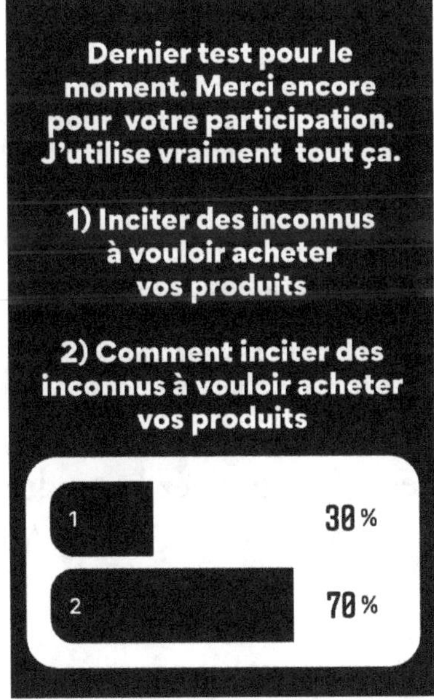

« Inciter des inconnus à vouloir acheter vos produits. »

« Comment inciter des inconnus à vouloir acheter vos produits. » ✔

**Exercice n°4 : Trouvez 3 à 4 noms pour votre lead magnet.
Puis testez-les.**

☐ Si vous avez des adeptes, faites un sondage comme dans les exemples.

☐ Si vous ne pouvez pas le faire, faites un post sur chaque plateforme et demandez

aux gens de répondre par « 1 » ou « 2 », puis comptez les votes pour chacun.

☐ Si vous n'y arrivez toujours pas, envoyez un message aux gens et demandez :

A ou B ?

Étape 5 : Faire que sa consommation soit facile

Les gens préfèrent faire des choses qui demandent peu d'efforts. Nous devons donc faire en sorte que notre lead magnet soit facile à consommer. **Voici comment vous pouvez faciliter chaque mécanisme de livraison :**

1) <u>Logiciel :</u> Vous pouvez le rendre accessible sur leur téléphone, sur ordinateur et dans plusieurs formats différents. Ainsi, les clients choisiront celui qui leur convient le mieux.

2) <u>Information :</u> Les gens aiment consommer les choses de différentes manières. Certains aiment regarder, d'autres lire, d'autres encore écouter, etc. Proposez votre solution dans autant de formats différents que possible : images, vidéo, texte, audio, etc. Proposez-les tous.

3) <u>Services</u> : Soyez disponible plus de temps, et par plus de moyens. À plus de moments de la journée. À plus de jours de la semaine. Par appel vidéo, par téléphone, personnellement, etc. Plus il est facile de vous joindre, plus les gens sont susceptibles de devenir des leads engagés et de réclamer de la valeur gratuite.

4) <u>Produits physiques</u> : Faites en sorte que la commande soit super simple et que l'on puisse y accéder rapidement. Faites en sorte que le produit lui-même soit rapide et facile à ouvrir. Fournissez des instructions simples sur la façon d'utiliser le produit.

Exercice n°5 : En vous basant sur la méthode de livraison de l'exercice 3 et sur les informations ci-dessus, faites en sorte que votre lead magnet soit aussi facile que possible à consommer, afin que davantage de leads le fassent.

Étape 6 : Assurez-vous qu'il soit vraiment bon

Partagez les secrets, vendez la mise en œuvre

Le marché juge tout ce que vous avez à offrir - *que ce soit gratuit ou non*. On ne peut jamais offrir trop de valeur. Par contre, vous pouvez en fournir trop peu. Vous devez donc faire en sorte que votre lead magnet représente une telle valeur que les gens se sentent obligés de vous payer. L'objectif est de fournir plus de valeur que <u>le coût de votre offre principale</u> *avant qu'ils ne l'achètent.*

N'ayez pas peur de leur offrir trop de valeur. Craignez plutôt d'en offrir trop peu et que les gens s'en aperçoivent.

Exercice n°6 : Écrivez le coût de votre offre principale : $__________.

Assurez-vous que la valeur que votre lead magnet leur apporte soit supérieure à ce montant.

Étape 7 : Faire que ce soit facile pour les clients de vous demander plus

Une fois que les leads ont consommé le lead magnet, certains d'entre eux seront prêts à acheter ou à en savoir plus sur votre offre. C'est le moment de lancer un Appel à l'action. Un **Appel à l'action** (**CTA**, pour **Call To Action**) *indique au public ce qu'il doit faire ensuite*. Un bon CTA comporte deux éléments : 1) ce qu'il faut faire et 2) les raisons de le faire immédiatement.

<u>Ce qu'il faut faire</u> : Les CTA invitent le public à appeler le numéro, à cliquer sur le bouton, à donner des informations, à réserver l'appel, etc. Ils sont trop nombreux pour les énumérer tous. Sachez simplement que les CTA poussent l'audience à devenir des leads engagés. Les bons CTA sont clairs, simples et directs. Il ne s'agit pas de dire « *ne tardez pas* », mais plutôt « *appelez maintenant* ».

<u>Raisons de passer à l'action immédiatement</u> - Si vous donnez aux gens une raison de passer à l'action, ils seront plus nombreux à le faire. Mais il faut garder à l'esprit deux choses : premièrement, les bonnes raisons sont plus efficaces que les mauvaises. Deuxièmement, toute raison (même mauvaise) a tendance à être plus efficace que l'absence de raison. C'est pourquoi, pour inciter davantage de personnes à agir, j'évoque un maximum de raisons solides. Voici mes raisons préférées pour pousser les gens à agir tout de suite :

a) **La rareté** - On parle de **rareté** *lorsqu'il y a une quantité limitée de quelque chose.*

b) **L'urgence**. On parle d'**urgence** *lorsque les gens agissent plus vite parce que le temps pour le faire est limité.* Vous pouvez avoir un nombre illimité d'unités à vendre, mais supposons que vous arrêtiez de les vendre au bout d'une heure… *délibérément.* Moins les gens ont de temps, plus ils ont tendance à agir vite (« d'urgence »). Par conséquent, si vous raccourcissez le délai dans lequel ils peuvent agir sur votre CTA, vous pouvez inciter un plus grand nombre de prospects à agir rapidement. Vous pouvez également utiliser le même degré d'urgence avec des réductions ou des bonus qui disparaissent au bout de X minutes ou heures. Après quoi, cette offre ne sera plus jamais disponible.

c) **Planificateur de fête de fraternité (ma préférée) - Inventez une raison.** On n'a pas vraiment besoin de raison pour faire la fête dans les fraternités, mais ils aiment en inventer quelques-unes. « John s'est fait enlever ses dents de sagesse… *Bièeere !*» « Lundi de Margaritas !» « La toge du mardi » « Jeudis assoiffés !» etc. Votre raison n'a même pas besoin d'être logique, et elle incitera toujours plus de gens à agir.

Exercice n°7 : Ajoutez des fonctionnalités à votre lead magnet pour créer un CTA convaincant.

Un CTA simple et clair : ____

Raison d'agir immédiatement (urgence et/ou rareté) : ___________________

____

Pourquoi utiliser un lead magnet pour commencer ?

Même si votre lead magnet coûte de l'argent, il devrait quand même réduire votre coût d'acquisition d'un nouveau client. En effet, plus il y a de leads engagés, plus il y a de chances d'obtenir des clients. Et les clients supplémentaires couvrent largement vos coûts. C'est là tout l'intérêt.

Si vous aviez habituellement 5 clients directs, vous pourriez générer 100 leads pour le même coût et amener 10 % d'entre eux à acheter. En d'autres termes, vous doublez vos ventes en ajoutant un lead magnet à votre campagne publicitaire.

L'action par étapes :

Étape 0 : Si vous avez du mal à générer des leads, créez un lead magnet exceptionnel.

Étape 1 : Déterminez le problème que vous voulez résoudre pour le client cible

Étape 2 : Déterminez comment vous voulez le résoudre

Étape 3 : Décidez comment le livrer

Étape 4 : Trouvez un nom intéressant et clair

Étape 5 : Rendez-le facile à consommer

Étape 6 : Assurez-vous qu'il soit vraiment bon

Étape 7 : Dites aux gens ce qu'ils doivent faire ensuite, pourquoi c'est une bonne idée, faites-le clairement et répétez-le plusieurs fois.

Exercice n°8 : Combinez les réponses des exercices 1 à 7.

Vous avez maintenant votre lead magnet.

Conclusion de la Section II

L'objectif de ce manuel est de démystifier le processus d'obtention de leads. Dans le premier chapitre, nous avons expliqué pourquoi les leads ne suffisent pas - vous avez besoin de *leads engagés*. Dans le deuxième chapitre, nous avons abordé la manière de susciter l'engagement des leads - *un lead magnet ou une offre de grande valeur*. Un bon lead magnet fait quatre choses :

1) Engage les clients cibles lorsqu'ils le voient.

2) Incite plus de personnes à s'engager par rapport à votre offre principale seule.

3) A suffisamment de valeur pour qu'ils la consomment.

4) Rend les personnes cibles plus susceptibles d'acheter

Ainsi, davantage de personnes s'intéressent à nos produits. Nous gagnons plus d'argent avec eux. Et nous délivrons plus de valeur que nous ne l'avons jamais fait - tout cela en même temps.

À venir :

Nous nous sommes armés d'un puissant lead magnet. Je vais maintenant vous montrer les quatre façons d'en faire la publicité. En d'autres termes, maintenant que nous avons « la chose », nous devons en parler aux gens. Allons chercher des leads.

CADEAU : Tutoriel bonus sur la création de l'ultime lead magnet

Si vous voulez un aperçu plus approfondi de la façon dont nous créons des lead magnets de qualité exceptionnelle, allez sur Acquisition.com/training/leads. C'est gratuit et accessible à tous. Comme promis, mon objectif est de gagner votre confiance. Et la confiance se construit brique par brique. Permettez à cette formation d'être la première d'une longue série de briques. Profitez-en. Vous pouvez également scanner le code QR ci-contre si vous ne souhaitez pas taper l'adresse.

SECTION III :
OBTENIR DES LEADS

Les quatre principes publicitaires essentiels (les «4 piliers »)

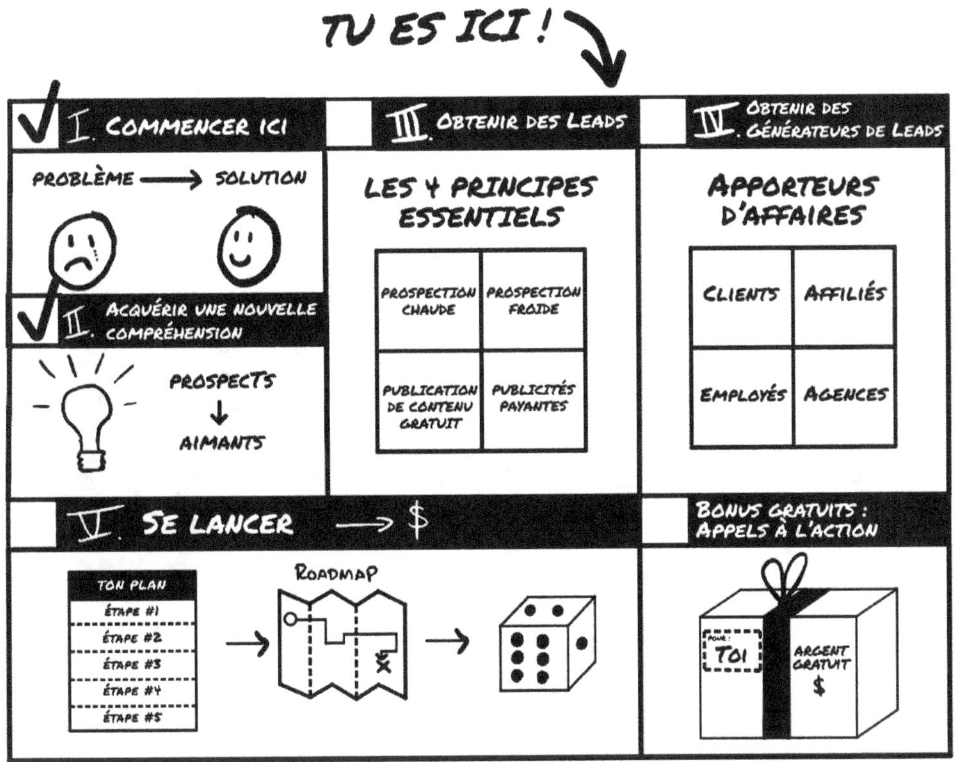

Nous obtenons des leads engagés en faisant connaître nos produits. Et il y a deux types de personnes à qui nous les faisons connaître : celles qui nous connaissent déjà et celles qui ne nous connaissent pas encore. Et il y a deux façons de les informer : une à une et une à plusieurs. Ces deux méthodes se combinent pour former les quatre moyens de base que peut utiliser une personne pour en informer d'autres sur un sujet donné. Détaillons la manière dont nous pouvons utiliser ces quatre moyens pour obtenir des leads.

Deux types de public : Chaleureux et froid

L'audience chaude *est composé des personnes que vous êtes autorisé à contacter.* Il s'agit des « personnes qui vous connaissent », par exemple les amis, la famille, les followers, les clients actuels, les anciens clients, les contacts, etc.

Le public froid *est composé des personnes qui ne vous ont pas donné la permission de les contacter.* Il s'agit des « inconnus », c'est-à-dire les publics d'autres sociétés : achat de listes de contacts, création de listes de contacts, paiement de plateformes pour avoir accès à ces listes, etc.

La différence est importante car elle modifie *la façon* dont nous faisons de la publicité auprès de ces personnes.

Deux façons de communiquer : Un à un (privé), Un à plusieurs (public)

Nous pouvons contacter des personnes de Un à Un ou de Un à Plusieurs. Une autre façon de présenter ce concept est de parler de communication privée ou publique. La communication privée est celle où une seule personne reçoit un message à la fois. Par exemple, un appel téléphonique ou un courriel. Si votre annonce est publique, beaucoup de personnes peuvent recevoir le message en même temps. Par exemple, les messages sur les réseaux sociaux, les panneaux d'affichage ou les podcasts.

Aperçu de la section III : Générer des leads

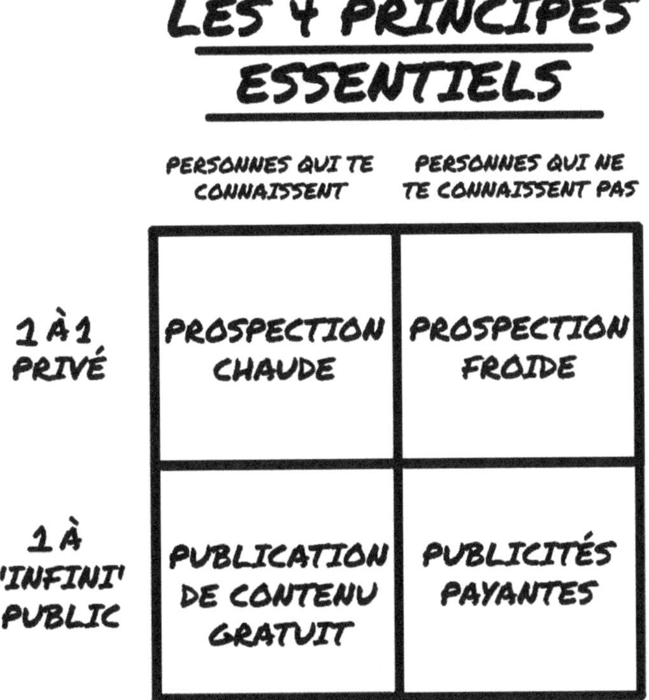

En combinant les publics chauds et froids, le 1 à 1 et le 1 à plusieurs, on arrive aux quatre seuls moyens de faire connaître quelque chose à quelqu'un : les quatre piliers (« Core Four »). Je les ai combinés ci-dessous.

- 1 à 1 pour une audience chaude = Prospection à chaud

- 1 à plusieurs pour une audience chaude = Publication de contenu gratuit

- 1 à 1 pour un Public Froid = Prospection à froid

- 1-à-plusieurs pour un Public Froid = Annonces payantes

Ce sont les quatre seules choses que vous pouvez faire pour que les gens connaissent les produits que vous vendez. Si vous n'obtenez pas autant de leads que vous le souhaitez, c'est que vous ne faites pas ces quatre choses avec suffisamment d'habileté ou de volume.

CADEAU : Formation bonus - Le cadre des quatre principes fondamentaux

J'ai organisé une formation en direct au cours de laquelle j'ai exposé les plus de 50 répétitions qui ont permis de créer cette simple boîte de 2 x 2. J'explique comment utiliser le cadre des quatre piliers pour obtenir le plus grand nombre possible de leads et fixer des objectifs au sein de votre entreprise. Si vous le souhaitez, vous pouvez en bénéficier gratuitement ici : Acquisition.com/training/leads. Vous pouvez également scanner le code QR ci-contre si vous ne souhaitez pas taper l'adresse.

Nº1 La prospection chaude

Comment atteindre les personnes que vous connaissez

« Le monde appartient à ceux qui peuvent continuer à agir sans voir le résultat de leur action ».

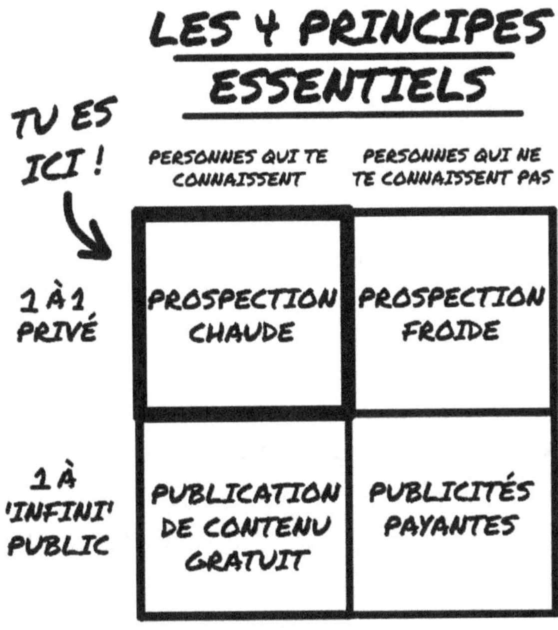

Comment fonctionnent les appels de prospection chaleureux

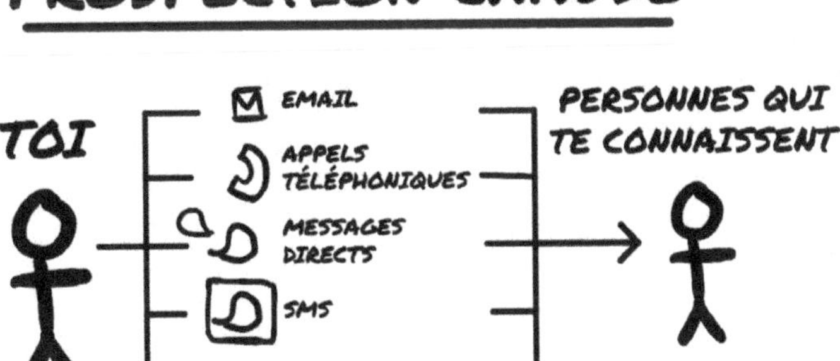

Les contacts chaleureux sont ceux que vous établissez de façon personnalisée avec votre public chaud, c'est-à-dire les personnes qui vous connaissent. C'est le moyen le moins cher et le plus facile de trouver des personnes intéressées par les produits que vous vendez.

Par ailleurs, tout le monde a un public chaud, même si vous l'ignorez. Tout le monde connaît quelqu'un. Vos contacts personnels sont donc le point de départ le plus facile.

Les contacts chaleureux prennent généralement la forme d'appels, de textes, d'e-mails, de messages directs, de messages vocaux, etc. Vous présentez votre lead magnet (quelque chose de gratuit et ayant de la valeur) ou vous présentez votre offre principale (votre produit phare).

Lorsque vous commencez à faire une prospection chaleureuse, vous n'obtenez pas beaucoup de leads engagés en échange de votre temps. Vous faites tout vous-même et vous personnalisez chaque message. Mais c'est la raison pour laquelle cette approche est *fiable*.

<u>Remarque</u> : atteindre votre public chaud fonctionne, que vous ayez 100 contacts ou 1 000 000. À mesure que votre commerce grandit, vous aurez recours à l'automatisation et à des employés pour le rendre plus efficace. Les systèmes commencent à petite échelle, avec vous, mais ils progressent *à tous les niveaux*.

Comment faire des contacts chaleureux en 10 étapes

Les contacts chaleureux sont un moyen formidable d'obtenir vos « cinq premiers clients » *pour tout nouveau produit ou service*. Pour les plus avancés : Considérez le réengagement et les nouvelles gammes de produits. Voici comment procéder :

Étape 1 : Élaborez votre liste

Étape 2 : Choisissez une plateforme

Étape 3 : Personnalisez votre message

Etape 4 : Prenez contact

Étape 5 : Préparez-les

Étape 6 : Invitez leurs amis

Étape 7 : Faites-leur l'offre la plus facile au monde

Étape 8 : Commencez par le haut

Étape 9 : Commencer à facturer

Étape 10 : Gardez votre liste au chaud

(Étape 1) « Mais je n'ai aucun lead... « → Tout le monde a une liste de contacts.

Vous connaissez d'autres humains. Laissez-moi vous le prouver.

- Prenez votre téléphone. Dedans, vous avez des contacts. *Chaque contact s'est inscrit pour recevoir des communications de votre part.* Il vous a donné les moyens et la permission de le contacter.

- Retrouvez *tous* les comptes de messagerie que vous avez utilisés au fil des ans. Récupérez vos contacts et votre liste d'adresses sur chacun d'eux. Bingo ! Regardez tous ces clients potentiels.

- Allez maintenant sur tous vos profils de réseaux sociaux. Regardez vos followers, abonnés, amis, connections, ou tout autre nom que les jeunes utilisent de nos jours... Eurêka ! - vous avez encore plus de leads !

Exercice n°9 : Additionnez tous vos contacts à partir de toutes les plateformes, y compris votre téléphone, votre courrier électronique, réseaux sociaux et autres plateformes. Pour la plupart, il s'agira de leur premier millier de leads.

Et si vous êtes terrifié à l'idée de devoir parler aux gens, détendez-vous. Vous allez aimer ce que je vais vous montrer maintenant.

(Étape 2) « Mais je ne sais pas par où commencer…» → Choisissez une plateforme

Exercice n°10 : Choisissez la plateforme où vous avez le plus de contacts d'après l'exercice n°9.

(Étape 3) « Mais que dois-je dire ?» → Personnalisez votre formule de présentation

Exercice n°11 : Notez un élément personnel que vous connaissez sur chaque contact. Soit à partir de ce que vous savez, soit à partir d'une recherche rapide en ligne. Vous pouvez commencer par les 100 premières personnes.

Note : N'oubliez pas que vous ne demandez rien. Vous ne faites que prendre des nouvelles et apporter de la valeur. *Alors, détendez-vous. Ex : J'ai vu que tu venais d'avoir un bébé ! Félicitations ! Comment va le bébé ? Et toi, ça va ?*

(Étape 4) « Qu'est-ce qu'on fait maintenant ?» → Atteindre Cent Personnes Chaque Jour.

« Pour obtenir ce que l'on veut, il faut mériter ce que l'on veut.» - *Charlie Munger*

Exercice n°12 : Contactez 100 leads par jour avec votre message personnalisé de l'exercice n° 11. Relancez-les jusqu'à une fois par jour pendant 3 jours, ou jusqu'à ce qu'ils répondent.

(Étape 5) : « Que dois-je dire lorsqu'ils répondent ? » → Agir comme un être humain.

Maintenant, nous pouvons briser la glace sans donner une impression désagréable.

Répondre à l'aide du cadre **M-C-P** (en anglais **A-C-A** : **A**cknowledge/**C**ompliment/**A**sk) :

- **Mentionnez** ce qu'ils vous ont dit. Reformulez-le avec vos propres mots. Cela montre une écoute active.

   o   Ex : Deux enfants... Et vous êtes comptable...

- **Complimentez**-les sur ce qu'ils vous confient. Associez-le à un trait de caractère positif si vous le pouvez.

   o   Ex : ...Wow ! Une super maman ! Quel travail ! Gérer une carrière à temps complet et deux enfants…

- **Posez** une autre question. Dirigez la conversation dans la direction que vous souhaitez. Dans ce cas, vers un sujet plus en rapport avec votre offre. Exemples :

   o   Thérapie/Coaching de vie : ... *Mais, est-ce que tu as du temps pour toi ?*

   o   Fitness/Perte de poids :... *Et tu as le temps pour faire de l'exercice ?*

   o   Services de nettoyage :... *Est-ce que tu as quelqu'un pour t'aider avec les tâches ménagères ?*

Le cadre MCP est formidable parce qu'il vous permet de parler à n'importe qui. Il est également utile pour sensibiliser les gens à ce que vous proposez. Cela signifie que vous pouvez apprendre à connaître la personne et orienter la conversation vers votre proposition.

Conseil de pro : Par courriel, vous serez plus direct

Par courriel, vous devez disposer d'un message d'introduction personnalisé, pour montrer que vous avez pris le temps de faire des recherches sur eux d'une certaine manière. Prévoyez 2 ou 3 phrases. Ensuite, vous passez directement à votre offre ou à votre lead magnet, dont nous parlerons ensuite. Vous pouvez en quelque sorte « tout faire en même temps » avec des e-mails ou des messages vocaux.

(Étape 6) « Comment savoir s'ils sont intéressés ?» → Faites-leur une offre.

Tenez une conversation d'une durée « normale ». Par exemple, 3 à 4 échanges si vous utilisez le téléphone ou la messagerie, ou 3 à 4 minutes si c'est en face-à-face. Ensuite, faites-leur une offre pour voir s'ils sont intéressés.

Lorsque je fais une offre à partir de zéro, je fais référence à l'équation de la valeur. Si vous vous demandez ce qu'est l'équation de la valeur, sachez qu'il s'agit du concept central de mon premier livre, *Des offres à $100M*. La valeur, telle que je la conçois, est composée de quatre éléments :

1) <u>Résultat rêvé</u> : ce que la personne souhaite voir se produire, de la manière dont elle souhaite que cela se produise.

   - Indiquez les meilleurs résultats possibles que votre produit peut obtenir. De gros points bonus si ces résultats proviennent de personnes comme celle à qui vous vous adressez.

2) <u>Probabilité perçue de réalisation</u> : Quelle est, à leurs yeux, la probabilité d'atteindre leur objectif.

   - Incluez les résultats, les commentaires, les reconnaissances, les approbations, les certifications et d'autres formes de validation par un tiers. Les garanties sont également très importantes.

3) <u>Délai</u> : le temps que les clients estiment devoir attendre pour obtenir des résultats après l'achat.

   - Décrivez avec quelle vitesse les gens commencent à obtenir des résultats, avec quelle fréquence ils obtiennent des résultats lorsqu'ils commencent, et combien de temps il faut pour obtenir les meilleurs résultats possibles.

4) <u>Efforts et sacrifices</u> : Les mauvaises expériences qu'ils devront subir et les bonnes expériences auxquelles ils devront renoncer dans leur combat pour atteindre le résultat.

- Montrez-leur les bonnes choses qu'ils peuvent continuer à faire, ou qu'ils peuvent obtenir, sans que cela affecte les résultats. Et montrez-leur les mauvaises choses dont ils peuvent se débarrasser ou qu'ils peuvent éviter de faire, sans que cela affecte les résultats.

L'objectif est de maximiser les deux premiers et de minimiser les deux autres. Tout ce qu'il vous reste à faire, c'est de leur faire voir ceci :

- Vous avez exactement ce qu'ils veulent

- Ils sont assurés de l'obtenir

- À une vitesse folle

- Sans lever le petit doigt ni renoncer à ce qu'ils aiment.

Alors, c'est ce que nous allons faire avec une offre réelle :

Au fait, connaissez-vous quelqu'un qui (décrivez ses difficultés) *cherche à réaliser* (son rêve) *en* (un certain délai) ? *J'accepte cinq études de cas gratuitement, parce que c'est tout ce que je peux gérer. Je souhaite tout simplement obtenir des commentaires sur mon service/produit. J'aide les gens à* (résultat du rêve) *sans avoir à* (effort et sacrifice). *Cela fonctionne. Je garantis même aux gens qu'ils obtiendront* (le résultat rêvé) *ou je travaille avec eux jusqu'à ce qu'ils l'obtiennent. Une fille nommée XXX vient de travailler avec moi pour* (résultat de rêve) *bien qu'elle* (évoquer le même problème de votre contact). *J'ai également rencontré un homme qui a* (résultat du rêve) *et c'était la première fois qu'il travaillait avec moi. J'aimerais simplement avoir plus de témoignages pour montrer que cela fonctionne dans différents scénarios. Est-ce que quelqu'un que vous aimez vous vient à l'esprit ?* (Pause si au téléphone) ...*et si la personne dit non...Haha, eh bien... est-ce que quelqu'un que vous <u>détestez</u> vous vient à l'esprit ?* (ha) Cela permet de détendre la situation.

Remarque : <u>*Nous ne leur demandons pas d'acheter quoi que ce soit. Nous leur demandons s'ils connaissent quelqu'un.*</u> Comme vous ne leur demandez pas d'acheter quoi que ce soit, vous ne paraissez pas insistant. Parmi les personnes qui répondent oui, la plupart se disent intéressées. Certaines personnes se montreront intéressées par vos produits. D'autres vous orienteront vers ceux qui pourraient l'être. D'autres encore feront les deux. Dans les trois cas, vous êtes gagnant. Et vous gagnez *sans rien imposer à personne.*

Message de valeur : *J'aide* (le client idéal) à obtenir (le résultat souhaité) *dans* (un certain délai) *sans* (efforts et sacrifices) *et en* (augmentant la probabilité perçue de réalisation - voir le conseil de pro ci-après).

Remarque : ces messages fonctionnent bien pour les courriels, les textos, les messages directs, les appels et les rencontres face-à-face. Il suffit de compléter les phrases.

Exercice n°13 : Crée ton message de valeur. J'aide :

(le client idéal) ____

à obtenir (résultat rêvé) _______________________________________

en (le délai) ____

sans (efforts et sacrifices) _____________________________________

et (augmenter la probabilité perçue de réalisation) ________________

____

Conseil de pro : 11 façons d'augmenter la probabilité perçue de réussite

Voici comment vous augmentez la probabilité perçue de réussite afin que davantage de personnes retiennent votre offre. Incluez un ou plusieurs des éléments suivants :

1. Montrer des preuves que nous avons réalisé ce qu'ils veulent (notre propre histoire)

2. Montrer des preuves que des gens comme eux ont obtenu ce qu'ils veulent (recours aux témoignages)

3. Montrer le grand nombre d'évaluations positives que nous avons reçues (beaucoup de 5 étoiles).

   a. Si vous n'avez pas encore d'évaluations, le nombre de personnes que vous avez aidées peut suffire.

4. Certifications/diplômes/accréditations de tiers attestant de notre légitimité

5. Des chiffres, des statistiques, des recherches qui confirment les résultats que vous voulez leur faire connaître.

---

6. Des experts qui se portent garants de nous.

7. Une caractéristique nouvelle/unique qui n'a pas échoué auparavant (et qui pourrait donc fonctionner cette fois-ci).

8. Célébrités qui nous ont soutenus (« ils leur ont fait confiance, je devrais en faire autant »).

9. Donner une garantie qu'ils y parviendront (ainsi, nous nous engageons également dans le jeu)

10. Le degré de précision avec lequel vous les décrivez ou décrivez la souffrance qu'ils éprouvent actuellement. Plus c'est précis, mieux c'est. (But : « il/elle me comprend vraiment, il/elle doit savoir comment m'aider »).

11. Si possible, montrez le résultat en direct. Ou montrez un enregistrement des faits.

    a. Ex : L'agence de publicité fait écouter l'enregistrement d'un appel que le propriétaire d'une salle de sport doit passer à un contact lors des entretiens de vente. « Pourriez-vous gérer un appel de ce type à un lead si nous l'obtenions pour vous ? » Cela démontre le résultat des services de publicité - les gens ne veulent pas de « leads », ils veulent des clients. Ils ne voient tout simplement pas de meilleure façon de les demander.

(Étape 7) « Comment faire pour qu'ils disent oui ? » → Faites en sorte que ce soit facile pour le client de dire oui. Et que ce soit gratuit.

Ma recommandation : chaque fois que vous lancez un nouveau produit ou service, <u>offrez les cinq premiers gratuitement</u>. Le nombre exact importe moins que de connaître la raison pour laquelle vous pouvez en tirer profit. Voici pourquoi :

1) Vous faites des répétitions et vous devenez de plus en plus à l'aise en présentant des offres aux gens. Cela vous permettra de calmer vos nerfs en sachant que vous ne faites qu'aider... gratuitement... pour l'instant (clin d'œil).

2) Vous êtes probablement nul (pour l'instant). Mais les gens sont beaucoup plus indulgents si vous ne facturez rien.

3) Puisque vous êtes vraisemblablement nul, vous devez apprendre à l'être moins. On est moins nul en faisant davantage. C'est mieux d'avoir quelques cobayes pour corriger les faiblesses. Vous apprendrez beaucoup des personnes que vous aiderez gratuitement, je vous assure. Même si vous n'en avez pas l'impression en ce moment, c'est vous qui recevez la meilleure part du marché.

4) Si les gens obtiennent de la valeur, surtout gratuitement, ils sont beaucoup plus enclins à :

   a) Laisser des commentaires et des témoignages positifs.

   b) Vous donner un retour d'information.

   c) Envoyer leurs amis et leur famille.

Et si cela ne suffit pas, les clients gratuits peuvent vous faire gagner de l'argent de trois autres façons :

   1) Ils deviennent des clients payants.

   2) Ils vous envoient des clients payants par le biais de recommandations.

   3) Leurs témoignages vous apportent des clients payants.

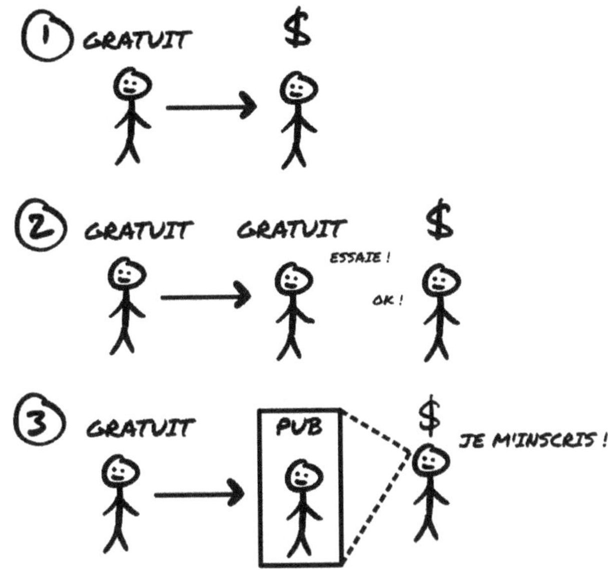

Ainsi, quoi qu'il arrive, vous gagnez.

Voici un exemple de ce que je dis :

Comme je ne travaille qu'avec cinq personnes, je peux vous accorder toute l'attention dont vous avez besoin pour obtenir des résultats à couper le souffle. Et je vous donnerai tout cela gratuitement à condition que vous promettiez… : 1) de l'utiliser 2) de me donner du feedback et 3) de laisser un très bon commentaire si vous pensez qu'il le mérite. Cela vous semble-t-il juste ?

Conseil de pro : Appliquer la « méthode de la charnière » aux recommandations

Si vous demandez une recommandation, faites une présentation à trois voies. Ma manière préférée de le faire en présentiel est de prendre le téléphone du client, de faire une photo de nous deux, puis d'envoyer cette photo à la personne qui vous a recommandé et à votre propre numéro. Si vous êtes doué, faites une capture d'écran d'un appel vidéo et procédez de la même manière. Si vous ne pouvez pas le faire, engagez au moins une conversation à trois, *qu'ils* commenceraient.

<u>Et s'ils disent non ?</u>

Souvent, la partie la plus coûteuse de ce que vous vendez n'est pas le prix, mais les coûts cachés. **Les coûts cachés** comprennent le temps, les efforts et les sacrifices nécessaires pour obtenir des résultats avec ce que vous vendez. En d'autres termes, <u>la partie inférieure de l'équation de la valeur</u>. Si vous peinez à distribuer votre produit gratuitement, cela signifie que les gens n'en veulent pas (résultat rêvé), qu'ils ne vous croient pas (probabilité de réussite perçue) ou que les coûts cachés (temps, efforts et sacrifices) sont trop élevés. Bref, votre offre « gratuite » est *trop chère*. Il faut donc identifier les coûts cachés. Une fois que vous l'aurez fait, vous dégagerez encore plus de valeur, que vous pourrez éventuellement faire payer.

(Étape 8) « Que dois-je faire une fois que j'ai contacté tout le monde ?» → Recommencer depuis le début

Après avoir contacté tous les leads sur une certaine plateforme, passez à la deuxième plateforme en nombre de leads. Après avoir contacté tous ces leads, passez à la troisième plateforme en nombre de contacts, et ainsi de suite.

(Étape 9) « Mais je ne peux pas travailler gratuitement toute ma vie…» → Commencez à facturer

Ceci est important. C'est le test décisif qui vous permettra de savoir si vous êtes « suffisamment bon » pour facturer. *Lorsque les gens commencent à vous recommander, vous pouvez commencer à facturer.* À ce moment-là, remplacez «... *gratuit...*» dans le script ci-dessus par «*80 % de réduction* pour les cinq prochains ». Puis 60% de réduction pour les cinq suivants. Puis 40% pour les cinq suivants, et ainsi de suite. N'hésitez pas à augmenter le prix de 20 % par tranche de cinq jusqu'à ce que vous trouviez le point idéal.

**Conseil de pro : Obtenez plus d'argent à l'avance et plus de oui →
Paiement anticipé + Garantie**

Le fait d'offrir une garantie incite les gens à acheter parce qu'elle neutralise le risque. Voici une variante intéressante de la garantie qui vous permettra d'obtenir plus de « oui » et plus de liquidités.

Vous pouvez offrir une garantie uniquement aux personnes qui paient d'avance. Raison principale : *Les personnes qui investissent d'emblée sont plus engagées. Par conséquent, nous pouvons garantir leurs résultats. Si vous souhaitez bénéficier de notre garantie, vous devez payer notre service à l'avance.*

Une autre formulation que j'ai reçue de mon bon ami le Dr Kashey : Une fois que la personne a accepté d'acheter, vous lui dites : « Préférez-vous payer moins cher aujourd'hui ou récupérer tout votre argent ? » Payer moins aujourd'hui = plan de paiement, donc moindre mise de fonds. Récupérer la totalité de votre argent = paiement anticipé et garantie que vous obtiendrez le résultat souhaité.

Ex : « Payer moins » = 2000 $/mois pendant 3 mois = 6000 $ (sans garantie)

Ou

« Récupérez tout votre argent » = 6000 $ anticipés avec une garantie.

Présentée de cette manière, la plupart des gens choisissent l'option « payer d'avance » avec la garantie. Donc, si vous avez l'intention d'en proposer une de toute façon, vous pouvez l'utiliser pour inciter plus de gens à payer d'avance.

(Étape 10) « Mais qu'est-ce que je fais maintenant ? » → Gardez votre liste au chaud.

Apportez régulièrement de la valeur à votre liste à travers l'email, les réseaux sociaux, etc. pour la maintenir chaude. Une liste chaleureuse reste prête à recevoir vos appels chaleureux à l'avenir. Une fois que vous avez donné de la valeur pendant un certain temps, ou que vous sentez qui veut de la valeur, vérifiez votre liste à l'aide du modèle intemporel de Dean Jackson, le « courriel en 9 mots » :

Vous cherchez toujours à [souhait en 4 mots] ?

Et *ces répliques devraient être votre priorité absolue pour les contacts chaleureux.*

Si vous continuez à apporter de la valeur, votre public vous comblera éternellement.

Exercice n°14 : Rédigez votre message en une seule ligne.

Cherchez-vous encore à ____

____ ?

Résumé de la liste de contrôle publicitaire

Voyons maintenant cela en dix lignes car il nous a fallu quelques pages pour en arriver là.

Liste de contrôle quotidien des contacts chaleureux	
Qui :	Vous-même
Quoi :	Cinq premiers gratuits
Où :	Téléphone/Email/Courrier postal/SMS/Etc
À qui :	Vos contacts
Quand :	Les quatre premières heures de votre journée
Pourquoi :	Vous voulez obtenir des clients ou d'autres contacts
Comment :	Message personnalisé à l'aide de M-C-P (en anglais ACA)
Combien ?	100 tentatives par jour
Combien de fois ?	Effectuez un suivi deux fois de plus après la première.
Combien de temps :	Jusqu'à ce que vous obteniez des clients

Repères : Comment je me débrouille ?

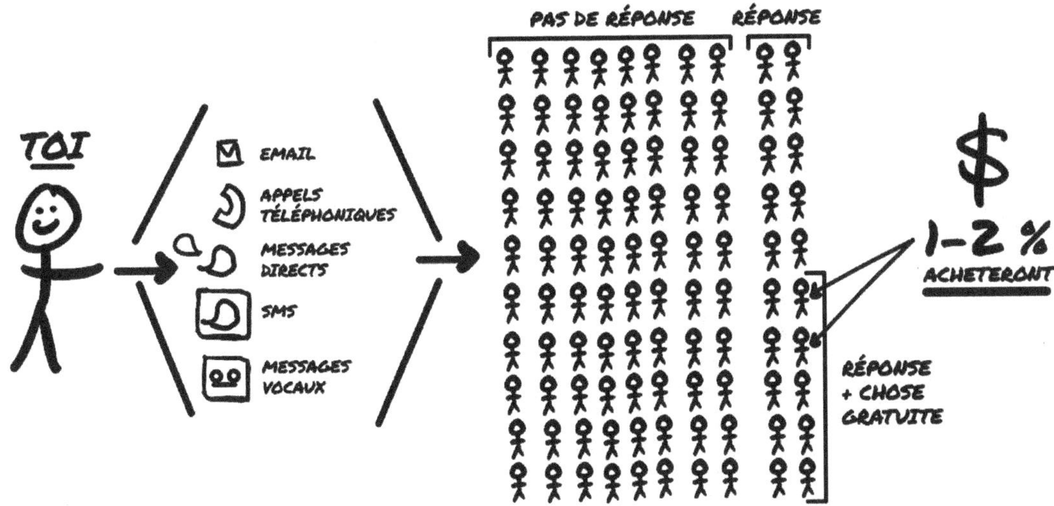

Les contacts chaleureux devraient amener environ un contact sur cinq à s'engager. Ainsi, cent contacts chaleureux devraient donner lieu à une vingtaine de réponses. Sur les vingt personnes qui répondent, une autre sur *cinq environ* acceptera votre offre gratuite. Soit quatre personnes. Sur les quatre personnes qui acceptent votre offre gratuite, vous devriez pouvoir en convertir *une* en offre payante ultérieurement.

Ce processus peut *à lui seul* vous permettre d'atteindre plus de 100 000 $ par an, sans rien d'autre. Voici le calcul :

Cela suppose que 1 % de votre liste achète une offre de 400 $ en utilisant uniquement des contacts chaleureux. 500 contacts par semaine = 5 clients par semaine

Produit à 400 $ → 5 clients par semaine x 400 $ chacun = 2000 $/semaine

2000 $/semaine x 52 semaines = 104 000 $... bingo.

Ce qui, à l'heure où j'écris ces lignes, représente encore deux fois le revenu moyen d'un foyer aux États-Unis. Ce n'est pas mal.

Quelle est la suite ?

Conseil de pro : Rejoignez des communautés

Pour apprendre encore plus vite, rejoignez des communautés de personnes qui utilisent la même méthode publicitaire que vous. Cela vous apportera un soutien mutuel et vous permettra d'être à jour en matière d'astuces et de tuyaux. De toute façon, ne faites pas de choses bizarres. De nombreuses personnes sont fières de repousser les limites de la légalité. Ne soyez pas comme eux. Cela se retournera toujours contre vous. Faites-le de la bonne manière et vous serez nourri à vie.

Les contacts chaleureux ont deux contraintes. Le temps et le nombre de personnes que vous connaissez.

Nous ajoutons donc la deuxième des quatre activités publicitaires de base : publier du contenu gratuit.

CADEAU : Formation bonus - Les contacts chaleureux

Si vous aimez ces concepts, cette formation vous permettra d'approfondir les nombreuses stratégies que vous pouvez appliquer pour obtenir votre premier ou votre énième client. Si cela vous semble intéressant, allez sur Acquisition.com/training/leads. Et, si vous avez besoin d'une raison supplémentaire, c'est gratuit. J'espère que vous l'utiliserez pour trouver autant de leads que vous le souhaitez. Vous pouvez également scanner le code QR ci-contre si vous ne souhaitez pas taper l'adresse.

Nº 2 Publier du contenu gratuit - 1ère Partie

Comment développer son audience pour générer des leads engagés ?

Personne ne s'est jamais plaint de recevoir trop de valeur

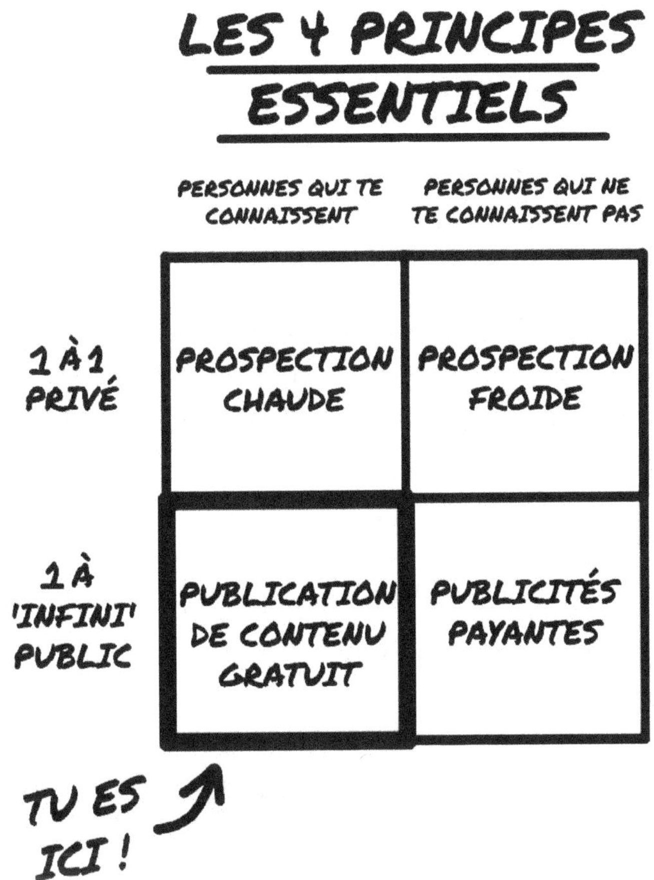

Comment développer une audience - Publiez un excellent contenu gratuit

Publier du contenu gratuit permet d'obtenir beaucoup plus de leads engagés par rapport au temps que l'on y consacre. Les personnes qui trouvent le contenu intéressant font partie de votre public cible. Si elles estiment que d'autres personnes trouveront ce contenu intéressant, elles le partageront. Et si les personnes avec lesquelles elles le partagent le trouvent intéressant, elles font également partie de votre public cible.

Qu'est-ce qui rend difficile la publication de contenu ? Tout d'abord, il est plus difficile de personnaliser le message. Par conséquent, moins de personnes y répondent. Deuxièmement, vous êtes en concurrence avec tous ceux qui publient du contenu gratuit. Il est donc plus difficile de se démarquer. Troisièmement, si vous vous démarquez, les autres vous copieront. Cela signifie que vous devez innover en permanence.

Pourquoi cela vaut la peine. Une audience plus large se traduit par un plus grand nombre de leads engagés.

Que contient ce chapitre ? Tout d'abord, nous démystifions le contenu destiné à élargir l'audience en montrant que tout repose sur les mêmes unités de base. Une unité de contenu se compose de trois éléments : accrocher, retenir et récompenser. Ensuite, nous expliquons comment relier les unités de base entre elles pour créer un contenu générateur d'audience pour toute plateforme ou tout type de média.

L'unité de contenu - trois composantes

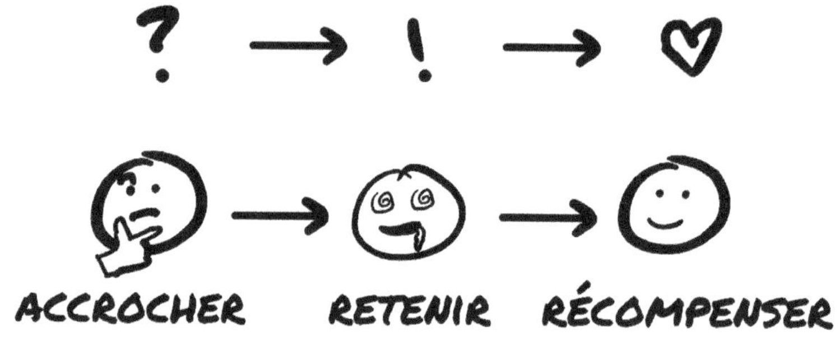

Tous les contenus permettant la croissance de l'audience font la même chose : ils récompensent les personnes qui les consomment. Et une personne ne peut être récompensée par le contenu que si elle :

1) A une raison de le consommer et…

2) Prête attention assez longtemps pour…

3) Satisfaire cette raison.

Heureusement, nous pouvons transformer ces trois résultats en trois choses *à faire* pour créer un contenu à forte audience. Cela signifie que nous devons :

a) **Accrocher** l'attention : faire en sorte que les gens remarquent votre contenu.

b) **Retenir** l'attention : faire en sorte que les gens consomment le contenu.

c) **Récompenser** l'attention : satisfaire la raison pour laquelle ils l'ont consommé au départ.

La plus petite quantité de matériel nécessaire pour accrocher, retenir et récompenser l'attention est une **unité de contenu**. Il peut s'agir d'une image, d'un mème ou d'une phrase. En d'autres termes, il est possible d'attirer, de retenir et de récompenser l'attention *en même temps*.

1) Accrocher : Ils ne peuvent être récompensés à moins qu'on n'attire d'abord leur attention.

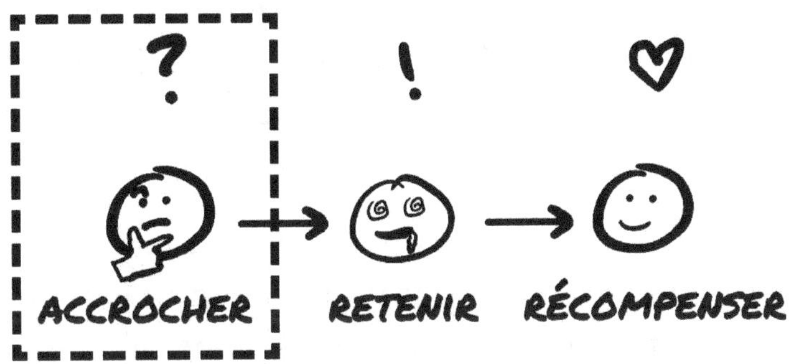

L'objectif : Nous leur donnons une raison de détourner leur attention de ce qu'ils sont en train de faire vers nous. Si nous y parvenons, ils sont accrochés. L'efficacité de votre accroche est mesurée par le pourcentage de personnes qui se mettent à consommer votre contenu. Ainsi, si vous accrochez efficacement l'attention, de nombreuses personnes auront une raison de consommer votre contenu. Si votre accroche est insuffisante, *peu* de personnes auront une raison de consommer votre contenu.

Éléments d'accroche. Nous augmentons le pourcentage de personnes qui retiennent notre contenu en choisissant des sujets qu'elles trouvent intéressants, en reprenant le format d'autres contenus qu'elles aiment et avec des titres qui leur donnent une raison de s'arrêter.

Sujets. Les sujets sont les choses sur lesquelles vous axez votre contenu. J'aime utiliser des expériences personnelles. Je divise les sujets en cinq catégories : Passé lointain, Passé récent, Présent, Tendance et Fabriqué.

a) <u>Le passé lointain</u> : Les leçons importantes du *passé* dans votre vie. Associez cette richesse à votre produit ou service afin d'apporter une valeur ajoutée significative pour votre public. Partagez l'histoire avec les gens, sans évoquer les cicatrices.

b) <u>Passé récent</u> : Faites des choses, puis parlez au sujet de ce que vous avez fait (ou de ce qui s'est passé). Regardez votre calendrier de la semaine précédente. Pensez à toutes vos réunions. Pensez à toutes vos interactions sociales. Repensez à toutes vos conversations avec des contacts chaleureux. *Il y a de l'or dans ces conversations.* Partagez les histoires qui pourraient intéresser votre public.

   i) Cela signifie qu'il faut prendre des notes, faire des enregistrements et conserver tout ce qui peut faciliter l'accès aux informations. Cela signifie aussi une source de contenu gratuite, facile et précieuse.

   ii) Les témoignages et les études de cas entrent dans cette catégorie. Si vous pouvez raconter l'histoire d'un client sympa *d'une manière qui apporte de la valeur à votre public*, vous ferez la promotion de vos services en même temps que vous apporterez de la valeur.

c) <u>Présent</u> : Écrivez vos idées *au moment précis où elles vous viennent à l'esprit.* Ayez toujours un moyen de consigner vos idées à portée de main. Il m'arrive même d'interrompre une réunion pour prendre des notes, m'envoyer des messages ou des courriels.

d) <u>Tendance</u> : Parler de sujets à tendance est très efficace pour attirer l'attention d'un public plus large. Si vous avez des commentaires pertinents ou si le sujet touche à votre expertise d'une manière ou d'une autre, parlez-en.

e) <u>Fabriqué</u> : Transformez vos idées en réalité. Choisissez un sujet qui intéresse les gens. Ensuite, renseignez-vous sur le sujet, créez-le ou faites-le. Puis, présentez-le au monde. C'est la méthode la plus coûteuse en temps et en efforts, car vous devez créer l'expérience plutôt que de parler d'une expérience que vous avez vraiment vécue. Mais c'est ce qui peut rapporter le plus.

   i) Exemple d'expérience fabriquée : *J'ai vécu tout un mois avec 100 dollars. Voici comment.*

   ii) **Fabrication vs documentation.** La fabrication est celle qui élargit le plus les audiences, car les créateurs de contenu habiles peuvent tirer le meilleur parti de chaque unité de contenu. Mais c'est une méthode plus coûteuse que la documentation. Faites donc celle que vous pouvez pour l'instant.

Exercice n°15 : Regardez votre calendrier. Notez les histoires intéressantes qui vous ont touché au cours des deux dernières semaines. Les choses que vous avez apprises, échouées, réussies.

Une histoire sympa : _______________________________________

Une leçon sympa : ____

Un échec : ____

Une grande révélation : _____________________________________

____

Les titres. Un titre est une phrase courte utilisée pour attirer l'attention du public. Il exprime la raison pour laquelle le public devrait consommer votre contenu. Il permet au public d'évaluer la probabilité d'être récompensé en consommant votre contenu plutôt qu'un autre.

<u>Sept choses qui rendent les titres plus intéressants.</u>

    a) <u>Actualité</u> - Aussi récent que possible, littéralement une « nouveauté ». Le présent vs l'année dernière.

    b) <u>Appartenance</u> - Significatif au niveau personnel. Se rapporte au lecteur ou ne se rapporte pas à lui.

    c) <u>Célébrité</u> - Il évoque des personnes de renom (célébrités, autorités, etc.). À propos des célébrités vs à propos des personnes courantes.

    d) <u>Proximité</u> - Près de chez soi - géographiquement. À côté de chez moi vs à l'autre bout du monde.

    e) <u>Conflit</u> - d'idées opposées, de personnes opposées, de nature, etc. Ex : politique.

    f) <u>Insolite</u> - Étrange, unique, rare, bizarre. Un homme à six doigts vs un homme à cinq doigts.

    g) <u>En cours</u> - Les histoires en cours sont dynamiques, évolutives et ont des rebondissements.

Exercice n°16 : Écrivez un titre pour chacune des histoires de l'exercice n°15 en utilisant 2 ou 3 des éléments de titre ci-dessus.

Une histoire sympa : ________________________________

Une leçon sympa : ________________________________

Un échec : ________________________________

Une grande révélation : ________________________________

____

Le format. Il faut faire correspondre le format au meilleur contenu de la plateforme en termes de performance.

<u>Exemple de format :</u>

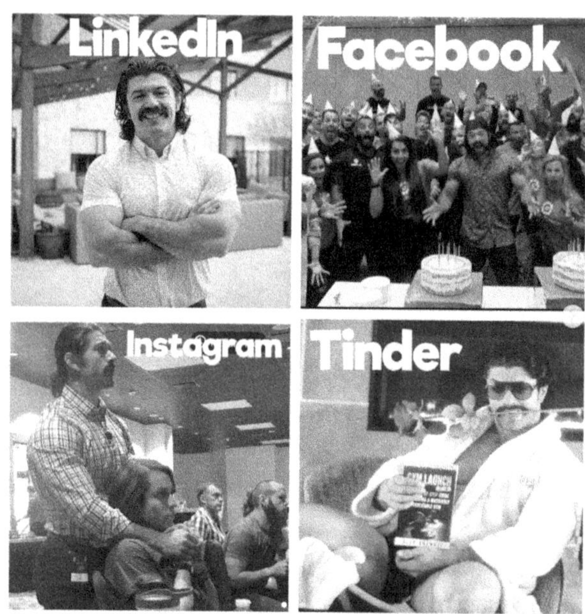

Ce mème présente la même personne (moi) sur quatre plateformes différentes. Chacune correspond au format de la plateforme.

Exercice n°17 : Examinez le contenu le plus performant sur quatre plateformes. Formatez un contenu pour quatre plateformes différentes, en respectant les styles les plus performants de chacune des quatre.

2) Retenir

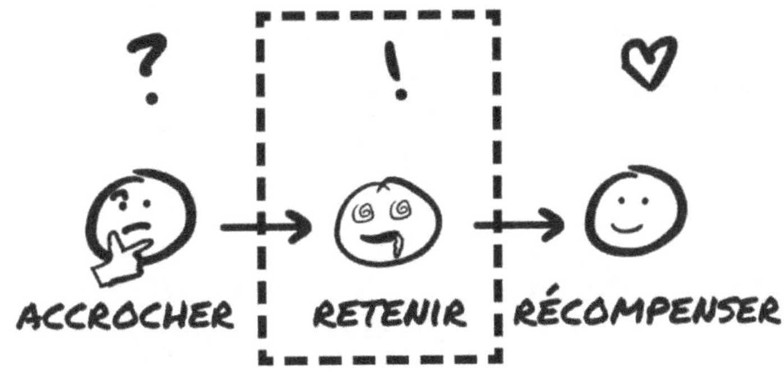

Mon facteur de rétention préféré est la curiosité. Mes trois moyens préférés pour susciter la curiosité sont : les listes, les étapes et les histoires.

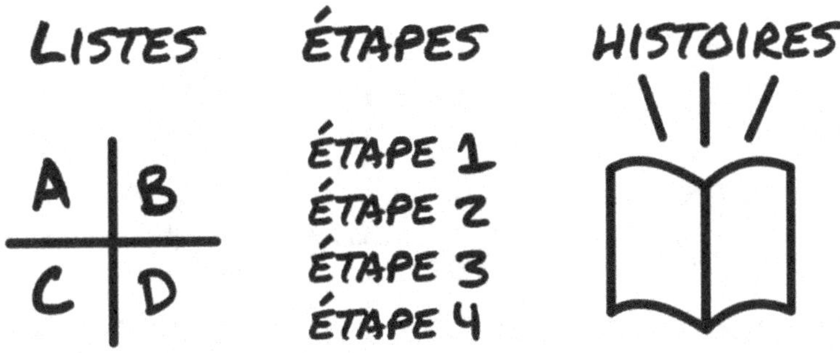

a) Listes : Les listes sont des choses, des faits, des conseils, des opinions, des idées, etc. présentés l'un après l'autre en suivant un thème. Le fait d'indiquer le nombre d'éléments énumérés dans votre titre ou dans les premières secondes de votre message indique aux gens ce à quoi ils peuvent s'attendre.

b) Étapes : Les étapes sont des actions qui se déroulent dans l'ordre et qui permettent d'atteindre un objectif une fois qu'elles sont réalisées. À condition que les premières étapes soient claires et utiles, la personne voudra savoir comment les réaliser toutes pour atteindre l'objectif global.

Voici la différence entre les étapes et les listes. Les étapes sont des actions qui doivent être effectuées dans un ordre spécifique pour obtenir un résultat. Les listes peuvent contenir à peu près tout ce que vous voulez, dans l'ordre que vous voulez.

c) Histoires : Les histoires décrivent des événements, réels ou imaginaires. Les histoires qui valent la peine d'être racontées recèlent souvent une leçon ou un apprentissage pour l'auditeur. Vous pouvez raconter des histoires sur des faits qui se sont produits, qui pourraient se produire ou qui ne se produiront jamais. Les trois types d'histoires suscitent la curiosité, car les gens veulent savoir ce qui se passe après.

Vous pouvez utiliser les listes, les étapes et les histoires séparément ou les imbriquer les unes dans les autres. Par exemple, vous pouvez avoir des listes avec des étapes et une histoire pour chaque élément de la liste.

Exercice n°18 : Choisissez l'une des histoires de l'exercice n° 15. Décrivez les principaux points de l'histoire ou les leçons que vous en avez tirées. N'hésitez pas à ajouter des mini-récits à chaque leçon.

3) Récompenser

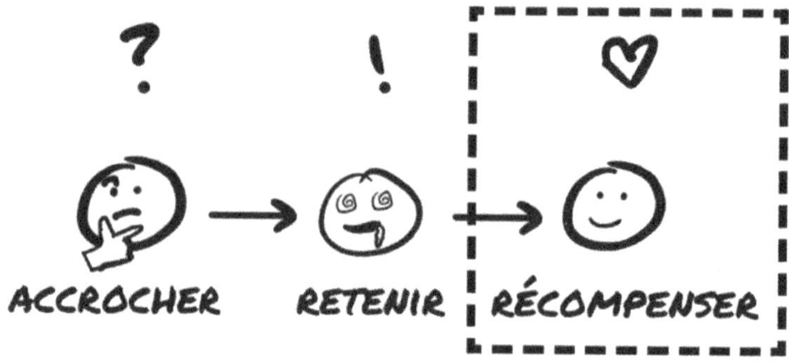

La qualité de votre contenu repose sur la fréquence à laquelle il récompense le public dans le délai nécessaire à sa consommation. Considérez *la valeur par seconde*. Un contenu ne peut donc pas être trop long, il peut seulement être *trop ennuyeux*.

Comment peut-on augmenter les chances qu'une récompense se produise :

- Accrocher le public ciblé à l'aide de sujets, de titres et de formatages appropriés

- Les retenir avec des listes, des étapes et des histoires pour susciter leur curiosité et leur donner envie d'en savoir plus.

- Satisfaire clairement le motif pour lequel le contenu les a accrochés au départ.

Exemple : Si votre accroche promet « 7 façons de vous réconcilier avec votre conjoint » et que vous donnez :

(A) quatre façons, (B) sept façons qui sont nulles (ou dont ils ont déjà entendu parler), (C) vous vous adressez à une salle de célibataires qui n'ont pas de conjoint, *vous n'avez pas su les récompenser*. Les gens ne voudront pas regarder à nouveau le clip et ne le partageront certainement pas.

<u>Conclusion</u> : Récompenser votre public signifie *répondre à ses attentes, voire les dépasser, lorsqu'il décide de consommer votre matériel.* Voici comment vous savez si vous avez réussi : *votre audience a grandi.* Si elle ne grandit pas, c'est que votre contenu n'est pas très efficace. Faites-en davantage et vous serez plus performant.

Exercice n°19 : Utilisez la même histoire que celle de l'exercice n° 18. Vérifiez que vous avez tenu la promesse formulée dans votre titre. Décrivez ce qu'ils peuvent faire maintenant grâce au contenu.

Quelle est donc la différence entre un contenu court et un contenu long ? Réponse : pas grand-chose.

Si vous vous rappelez ce que nous avons dit précédemment, la plus petite quantité de matériel nécessaire pour attirer, retenir et rétablir l'attention est une **unité de contenu**. Pour créer un contenu plus long, il suffit de relier les unités de contenu entre elles.

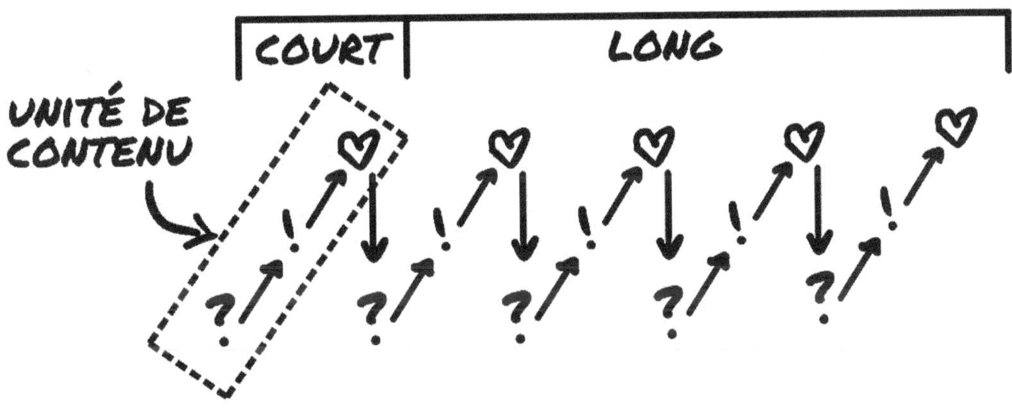

Commencez par de petits contenus, puis développez-les. Même si vous commencez par un contenu plus long, ce qui est très bien, je vous suggère de commencer par des versions plus courtes. Ce sera plus facile.

Conseil de pro : Créez tout votre contenu pour des inconnus

Ceci est important. Si vous voulez élargir votre audience chaude, vous devez créer du contenu en supposant que les personnes qui le consomment n'ont jamais entendu parler de vous auparavant. Si vous le destinez à des inconnus, ces derniers l'aimeront parce que... vous l'avez fait pour eux. Et ils le partageront. Et votre public grandira d'autant plus vite. Ne vous souciez pas de vous répéter. Votre public appréciera les rappels.

Une fois que vous comprenez comment créer une unité de contenu, tout ce que vous avez à faire, c'est d'en faire *davantage*. Ensuite, votre public va grandir. Et une fois que votre public atteindra une taille suffisamment importante, vous voudrez peut-être le rentabiliser. Ce qui nous mène à notre prochaine étape.

N° 2 Publier du contenu gratuit - 2ème Partie

Rentabiliser votre public

« Donnez, donnez, donnez, donnez, jusqu'à ce qu'ils demandent ».

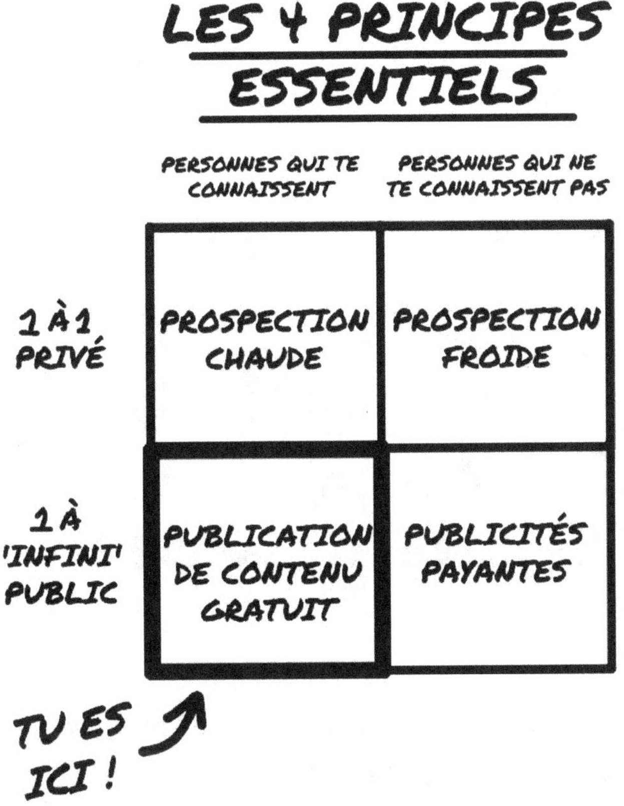

L'objectif de ce chapitre est de vous montrer comment rentabiliser votre audience chaude.

Tout d'abord, nous expliquons comment lancer des offres sans devenir un monstre du spam - en maîtrisant le ratio donner : demander.

Puis, nous parlerons des deux stratégies d'offre pour rentabiliser le public.

Après cela, je parlerai de la façon d'augmenter votre productivité afin que vous puissiez élargir votre audience plus rapidement et faire encore plus d'argent.

Puis, je partagerai une série de leçons que j'ai apprises en construisant mon propre public et que j'aurais aimé connaître plus tôt.

Enfin, je conclurai sur la façon dont vous pouvez agir *dès aujourd'hui*.

Maîtriser le ratio donner : demander

Donnez plus que ce que vous demandez. Le ratio approprié a été étudié. Vous devez donner *au moins 3,5 à 4 fois plus que ce que vous demandez*. Cela permet de maintenir un public. Si vous voulez croître plus rapidement, donnez beaucoup plus que quatre fois pour chaque demande (envisagez de donner 10 à 20 fois plus). Si vous voulez réduire votre audience, demandez plus que vous ne donnez.

Maintenant que j'ai un peu d'expérience en la matière, j'ai une petite modification à apporter à la stratégie traditionnelle de donner - demander, qui la rend beaucoup plus puissante : *Donnez jusqu'à ce qu'ils demandent.*

C'est simple. Si vous donnez assez, les gens commencent à vous demander. Ils iront sur votre site web, vous enverront des messages, des courriels, etc. pour vous demander plus. Cette stratégie vous permet de donner en public et de demander en privé. Et surtout, si vous faites de la publicité de cette manière, votre croissance ne ralentit plus. Vous laissez le public choisir lui-même à quel moment il est prêt à verser de l'argent.

<u>Conclusion</u> : Le moment où vous commencez à demander de l'argent est le moment où vous choisissez de ralentir votre croissance. Donc, plus vous serez patient, plus vous obtiendrez d'argent lorsque vous ferez enfin votre demande.

Étape action : Donnez, donnez, donnez, donnez, donnez, donnez jusqu'à ce qu'ils demandent

Comment gagner de l'argent à partir du contenu : Demander

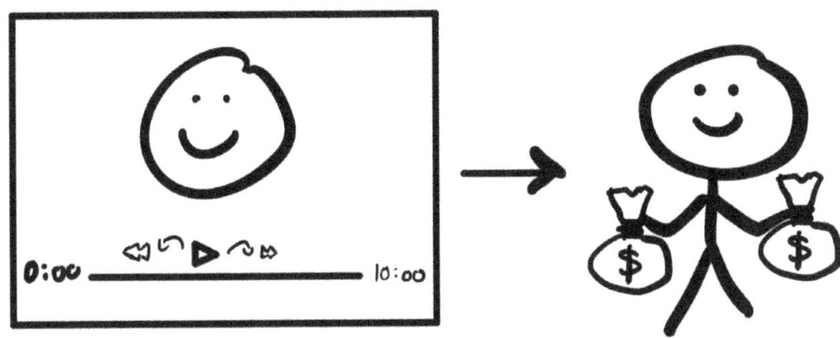

Parfois, il faut demander. Considérez les « demandes » comme des publicités. Vous *interrompez l'émission avec un message très important*. Puisque c'est vous qui fournissez la valeur, vous interrompez votre propre contenu avec des publicités sur les produits que vous vendez. Vous payez le coût de la perte potentielle de confiance, du ralentissement de la croissance et, bien sûr, du temps qu'il vous a fallu pour rassembler l'audience en premier lieu. Et vous recevez de l'argent en retour. Aujourd'hui, j'utilise deux stratégies pour intégrer des promotions dans le contenu : les offres intégrées et les offres intermittentes. Parlons des deux

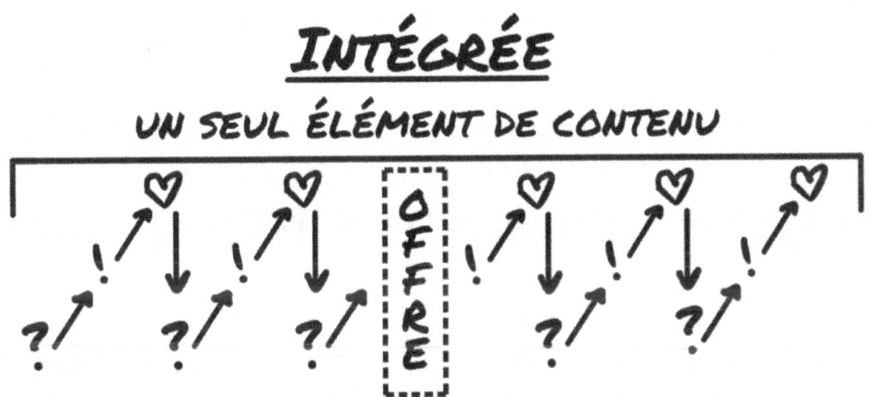

Intégrée : Vous pouvez faire de la publicité dans chaque pièce de contenu tant que vous maintiendrez un ratio élevé entre don et demande. Vous continuerez à élargir votre public *et* à obtenir des leads engagés. Tout le monde y gagne.

Par exemple, si je fais un podcast d'une heure, avoir 3 publicités de 30 secondes signifie que j'aurais 58,5 minutes de don pour 1,5 minute de demande. C'est bien plus que le ratio 3:1.

J'intègre le plus souvent les « demandes », c'est-à-dire les CTA, à la suite d'un moment clé ou à la fin de la pièce de contenu. Envisagez d'essayer d'abord l'un de ces moments - et assurez-vous que la croissance de votre audience ne ralentit pas. Ajoutez ensuite le deuxième et ainsi de suite.

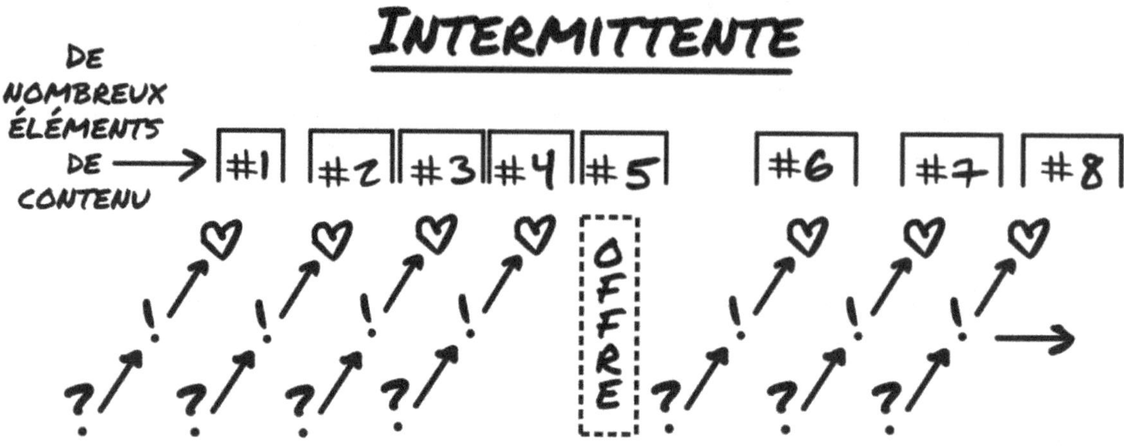

Intermittente : Le deuxième moyen de rentabiliser votre activité est par des demandes intermittentes. Voici comment cela fonctionne. Vous créez de nombreux contenus qui ne sont que de simples « dons », puis vous faites de temps en temps une « demande ». Exemple : Vous publiez 10 articles pour « donner » et sur le 11ème, vous faites la promo de vos produits.

La différence entre la première et la deuxième méthode dépend de la plateforme. Sur les plateformes courtes, c'est la méthode intermittente qui domine. Sur les plateformes de longue durée, les intégrations sont souvent votre meilleur atout.

Exercice n°20 : Ajoutez le CTA de l'exercice n° 7 à partir de lead magnets ou de votre offre principale. Placez une phrase avant le CTA qui le relie à la pièce de contenu en question, afin que le tout s'enchaîne bien.

Note de l'auteur : Si vous avez besoin d'une aide supplémentaire pour la création d'offres, j'ai écrit un livre entier sur le sujet, intitulé *Des offres à 100 millions de dollars ($100M Offers).* Il est accompagné également d'un cahier d'exercices et d'un résumé. Vous pouvez le consulter sur les sites où vous achetez ou lisez des livres.

Comment passer à une plus grande échelle

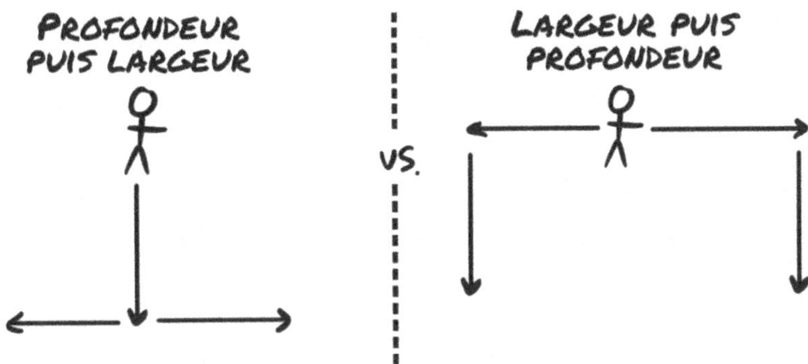

Il existe deux stratégies opposées pour élargir l'audience chaleureuse. Elles suivent toutes deux une progression par étapes. Tout d'abord, vous avez l'approche de « la profondeur puis la largeur ». Ensuite, il y a l'approche de « la largeur puis la profondeur ». Les deux sont correctes. Voici comment elles fonctionnent :

La profondeur puis la largeur : maximiser une plateforme, puis passer à la plateforme suivante.

Étape n° 1 : Publier du contenu sur une plateforme appropriée.

Étape n° 2 : Publier régulièrement du contenu sur cette plateforme.

Étape n° 3 : Maximiser la qualité et la quantité du contenu sur cette plateforme. Pour le format court, vous pouvez parfois aller jusqu'à dix fois par jour sur chaque plateforme. Les contenus plus longs peuvent être diffusés jusqu'à cinq jours par semaine (voir les feuilletons).

Étape n° 4 : Ajoutez une autre plateforme tout en maintenant la qualité et la quantité sur la première plateforme.

Étape n° 5 : Répétez les étapes 1 à 4 jusqu'à ce que toutes les plateformes concernées soient optimisées.

Avantages : Lorsque vous maîtrisez une plateforme, vous maximisez le résultat de vos efforts. Plus vous en faites, plus la composition de votre audience s'accélère. Vous tirez parti de cette progression. Moins de ressources sont nécessaires pour que ça marche.

Inconvénients : Il est moins facile d'exploiter de nouvelles plateformes et de nouveaux publics. Vous n'avez pas le sentiment d'être « omniprésent ». Au début, vous risquez de voir votre entreprise dépendre d'un seul canal. C'est un risque car les plateformes changent tout le temps et vous excluent parfois sans raison. Si vous n'avez qu'un seul moyen d'obtenir des clients, cela peut tuer votre entreprise si ce moyen est interrompu.

<u>La largeur puis la profondeur</u> : Accédez à toutes les plateformes le plus tôt possible, puis maximisez-les ensemble.

<u>Étape n° 1</u> : Publiez du contenu sur une plateforme adéquate.

<u>Étape n° 2</u> : Publiez régulièrement du contenu sur cette plateforme.

<u>Étape n° 3</u> : C'est là que cette stratégie diffère de la précédente. Au lieu de maximiser votre première plateforme, passez à la plateforme adéquate suivante tout en conservant la précédente.

<u>Étape n° 4</u> : Continuez jusqu'à ce que vous soyez présent sur toutes les plateformes adéquates.

<u>Étape n° 5</u> : Maintenant, maximisez votre création de contenu sur toutes les plateformes en même temps

Avantages : Vous atteignez plus rapidement un public plus large. Et vous pouvez « réorienter » votre contenu. Ainsi, avec un peu de travail supplémentaire, vous pouvez gagner en efficacité. Avec de petites modifications de format, vous pouvez adapter le même contenu à plusieurs plateformes. Par exemple, il suffit de peu de travail pour formater une même vidéo courte sur toutes les plateformes de distribution de contenu vidéo de courte durée.

Inconvénients : Il faut plus de travail, d'attention et de temps pour bien faire les choses. Souvent, on se retrouve avec un tas de mauvais contenus un peu partout.

Exercice n°21 : Choisissez une approche. Commencez à publier. Puis, montez les échelons progressivement.

7 leçons que j'ai tirées de la création de contenu

1) **Passer de « Comment faire » à « Comment je fais ».** Et de « C'est la meilleure façon » à « Ce sont mes façons préférées », etc. (surtout au début). Parlez de ce que vous avez fait, pas de ce que les autres devraient faire. De ce que vous aimez, et non pas de ce qui est *le* mieux.

2) **Nous avons plus besoin d'être rappelés que d'être enseignés : Ne cessez pas de répéter.** Votre contenu vous ennuiera avant même que la totalité de votre public ne l'ait vu.

3) **Bien délimiter les objectifs du contenu.** Ne parlez que de ce que vous connaissez et dont vous avez l'expérience. Si vous créez un contenu éducatif sur des sujets dont vous n'êtes pas un expert, vous aurez une mauvaise image. N'enseignez que ce que vous connaissez. Ne feignez pas.

4) **Le contenu crée des outils pour les vendeurs.** Créez une liste principale de vos « plus grands succès ». Étiquetez chaque « hit » en l'associant au problème commun que vos prospects cherchent à résoudre. Puis, votre équipe de vente peut l'envoyer avant ou après les entretiens de vente et aider les gens à se décider à acheter.

5) **Le contenu gratuit fidélise les clients payants.** Quelqu'un qui achète vos produits est *plus susceptible* de consommer votre contenu gratuit. Si votre contenu gratuit a de la valeur, vos clients payants vous apprécieront davantage et resteront fidèles à votre entreprise plus longtemps. La valeur gratuite renforce leur perception du retour sur investissement (ROI) de vos produits payants.

6) **Les gens n'ont pas une durée d'attention plus courte, ils ont des exigences plus élevées.** Je le répète pour renforcer l'idée : *rien n'est trop long, seulement trop ennuyeux.*

7) **Éviter les publications préprogrammées.** Les posts publiés manuellement sont plus performants que ceux que je programme à l'avance. Je suis donc convaincu qu'il faut que quelqu'un appuie sur le bouton « soumettre », car cela ajoute un dernier coup de pression pour que tout soit parfait. Essayez-le.

Repères : Comment je me débrouille ?

Si notre public s'élargit, nous avons bien travaillé. Mais si notre audience augmente rapidement, on a travaillé *encore mieux*. Par conséquent, j'aime mesurer la taille de mon audience et sa vitesse de croissance tous les mois.

Voici ce que je détermine :

1) Nombre total de followers et portée - *Quelle en est l'ampleur ?* Suivi de la croissance absolue du nombre de followers et de la portée.

2) Taux d'augmentation du nombre de followers et de la portée - *À quelle vitesse ?* Suivi du taux de croissance.

C'est incroyable ce que tu peux accomplir si tu ne t'arrêtes pas une fois que tu as commencé.

Votre premier post

Cela fait probablement un moment que vous apportez de la valeur à d'autres humains, sciemment ou non. C'est pourquoi, dès votre premier message, vous pouvez demander. J'espère que cela vous apportera un premier lead engagé. Voici celui que j'ai fait :

Alex Hormozi
April 9, 2013 · Baltimore, MD ·

Tout le monde,

Pour ceux d'entre vous qui me connaissent, vous savez deux choses :

1) Je suis mauvais avec tout ce qui est technocologique. Par exemple, je viens d'entendre parler de Spotify il y a quelques semaines, sérieusement.

2) J'adore l'entraînement/la nutrition et le fitness plus que, et bien, plus qu'énormément.

Aujourd'hui est donc un peu spécial car c'est le jour où mon amour de l'entraînement a vaincu ma peur de la technologie.

Qu'est ce que je veux dire ?

Depuis près d'un an, J'ai pris part à un projet d'accompagnement sportif personnalisé avec l'idée d'offrir un programme d'entrainement personnalisé et gratuit à quiconque serait prêt à verser entre 500$ et 1000$ à une œuvre de charité de son choix

De cette façon, ils n'auraient pas besoin d'être motivés par la même choe que moi, mais d'être motivés pour donner à leur cause et en tirer profit. Lorsque j'ai présenté l'idée pour la première fois, j'ai été agréablement surpris par le soutien positif que j'ai reçu.

Ainsi, presque un an après mon premier client, J'AI MAINTENANT UN SITE WEB !! pour montrer formellement certaines des transformations qui ont eu lieu en utilisant ma programmation et comme moyen formel de me contacter au sujet de mon inscription.

J'AI ACTUELLEMENT QUELQUES PLACES OUVERTES DANS MA LISTE, ALORS LAISSE MOI UN MESSAGE RAPIDEMENT SI TU ES INTÉRESSÉ !

Prends un instant pour découvrir les différentes transformations qui ont eu lieu en un temps RECORD. Jette un coup d'œil !

Ce n'est certainement pas parfait. Mais mieux vaut faire que ne rien faire. Allez-y.

Exercice n°22 : Rédigez votre premier message.

Liste de contrôle quotidien du contenu des posts	
Qui :	Toi-même
Quoi :	Valeur : Donner, donner, donner jusqu'à ce qu'ils demandent
Où :	N'importe quelle plateforme médiatique
À qui :	Les personnes qui te suivent déjà
Quand :	Tous les matins, 7 jours sur 7
Pourquoi :	Éveiller la bonne volonté. Obtenir des leads engagés.
Comment :	Textes, images, vidéos, audio
Combien ?	100 min par jour
Combien ?	Autant de fois que la plateforme le montre
Combien de temps :	Aussi longtemps qu'il le faudra.

À venir

Tout d'abord, nous commençons par une approche chaleureuse. Nous contactons toutes les personnes que nous sommes autorisés à contacter. Deuxièmement, nous faisons la publicité des succès et des leçons apprises auprès de nos premiers clients. Nous publions des témoignages. Nous fournissons de la valeur. Puis nous demandons de temps en temps. Nous nous engageons à faire ces deux activités tous les jours.

Ces deux seules méthodes peuvent vous permettre de créer une entreprise à six ou sept chiffres. Mais il se peut que vous souhaitiez aller plus vite. Nous passons donc d'un public chaud qui nous connaît à un public froid qui ne nous connaît pas. Nous commençons à prendre contact avec des inconnus. C'est le début de la troisième étape de notre parcours publicitaire : la prospection à froid.

CADEAU : Tout ce que j'ai appris en publiant du contenu

Il a fallu couper pas mal de matériel pour rendre ce livre gérable. Si vous voulez connaître le moyen le plus rapide et facile de créer un contenu qui éveille la confiance chez un public, allez sur Acquisition.com/training/leads. Et si vous voulez une autre raison à part « ça va vous faire gagner de l'argent »...., ça ne vous coûtera rien. C'est gratuit. Profitez-en. Et comme toujours, vous pouvez scanner le code QR ci-contre pour éviter de devoir taper.

La bonne volonté gratuite

« Celui qui a dit que l'argent ne fait pas le bonheur n'en a pas assez distribué » - Anonyme

Les personnes qui donnent sans rien demander vivent plus longtemps, sont plus heureuses et gagnent plus d'argent. Alors, si on a une chance de le faire pendant ce temps qu'on passe ensemble, mince, je vais essayer.

Pour ce faire, j'ai une question à vous poser...

Aideriez-vous quelqu'un que vous n'avez jamais rencontré si cela ne vous coûtait rien, mais que vous n'en receviez jamais le crédit ?

Qui est cette personne, demanderez-vous ? Elle est comme vous. Ou, du moins, comme vous l'étiez. Moins expérimenté, désireux de faire la différence, il a besoin d'aide, mais ne sait pas trop où chercher.

La mission d'Acquisition.com est de rendre le monde des affaires accessible à tous. Tout ce que nous faisons découle de cette mission. Et pour nous la seule façon de remplir cette mission est d'atteindre... disons... tout le monde.

C'est là que vous intervenez. La plupart des gens jugent en effet un livre à sa couverture (et aux commentaires). Voici donc ma demande au nom d'un entrepreneur en difficulté que vous n'avez jamais rencontré :

Aidez cet entrepreneur en laissant un commentaire sur ce livre.

Votre geste ne coûte rien et prend moins de 60 secondes, mais il peut changer à jamais la vie d'un collègue entrepreneur. Votre commentaire pourrait aider...

...une autre petite entreprise à contribuer à la vie de sa communauté.

...un entrepreneur de plus à soutenir sa famille.

...un employé de plus à trouver un travail valorisant.

...un client de plus à transformer sa vie.

...un rêve de plus à se réaliser.

Pour obtenir un sentiment de bien-être et aider concrètement cette personne, tout ce que vous avez à faire est ... et cela prend moins de 60 secondes ... de rédiger un commentaire.

<u>Si vous êtes sur audible</u> - appuyez sur les trois points en haut à droite de votre appareil, cliquez sur évaluer et laisser un commentaire, puis laissez quelques phrases sur le livre en plus de la notation par étoiles.

<u>Si vous lisez sur kindle ou e-reader</u> - faites défiler jusqu'à la fin du livre, puis swipez vers le haut et un commentaire sera demandé.

<u>Si, pour une raison quelconque, ces critères ont changé</u>, vous pouvez vous rendre sur Amazon (ou sur le site où vous avez acheté le livre) et laisser un commentaire directement sur la page du livre.

Si ça vous fait plaisir d'aider un entrepreneur anonyme, vous êtes le type de personne que j'aime. Eh bien, venez à #mozination. Vous êtes l'un des nôtres.

Je suis d'autant plus impatient de vous aider à générer plus de leads que vous ne pouvez l'imaginer. Vous allez aimer les tactiques que je vais partager dans les prochains chapitres. Je vous remercie du fond du cœur. Maintenant, retour à notre programme habituel.

- Votre plus grand fan, Alex

PS - Un geste agréable : si vous offrez quelque chose de valeur à une autre personne, cela vous rend plus cher à ses yeux. Si vous souhaitiez éveiller la sympathie d'un autre chef d'entreprise - et si vous pensez que ce livre peut l'aider - adressez-lui ce cahier d'exercices.

Exercice n°23 : Si vous avez aimé ce cahier d'exercices jusqu'à présent, merci de laisser un commentaire.

Nº 3 La prospection à froid

Comment contacter des inconnus pour générer des leads engagés

« La quantité a une qualité qui lui est propre » - Napoléon Bonaparte

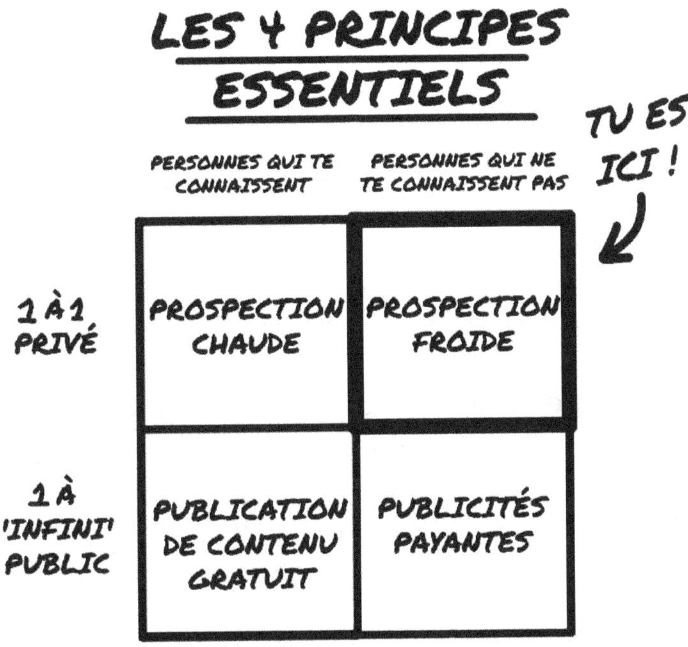

Comment fonctionne la prospection à froid

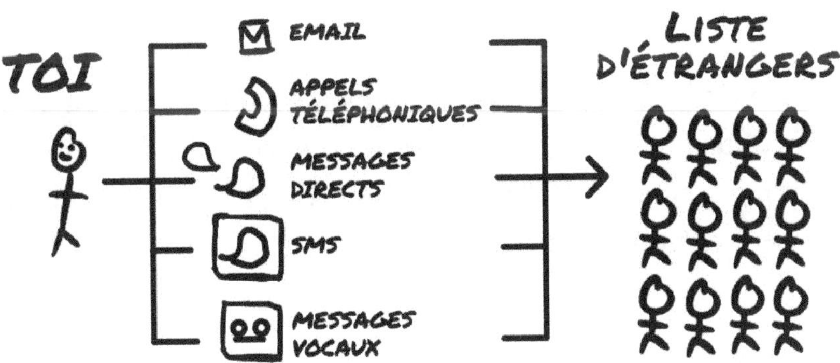

Dans ce chapitre, nous nous focalisons sur la communication privée individuelle à travers la « cold outreach » (prospection à froid). Pour avoir plus de contexte, la prospection à froid s'appuie sur les fondements de la prospection à chaud. Voyez-la donc comme une cousine plus avancée de la prospection à chaud, qui n'est plus limitée par votre audience chaleureuse.

La prospection à froid présente une différence essentielle par rapport à la prospection à chaud : la confiance. Les inconnus n'ont pas confiance en vous.

Et par rapport aux personnes qui nous connaissent, les inconnus posent <u>trois</u> nouveaux problèmes.

1)   Premièrement, vous n'avez aucun moyen de les contacter. Évidemment.

2)   Deuxièmement, même si vous pouvez les contacter, ils vous ignorent.

3)   Troisièmement, même s'ils vous accordent leur attention, ils ne sont pas intéressés.

Permettez-moi de dire comment ces problèmes se manifestent dans le monde réel.

<u>Si vous comptez frapper aux portes</u>, vous n'avez pas les adresses. Et même si vous les avez, les gens n'ouvrent pas la porte quand vous frappez. S'ils ouvrent, ils vous disent toujours d'aller vous faire voir ailleurs.

<u>Si vous comptez envoyer des courriels à froid</u>, vous n'avez pas leur adresse électronique. Même si vous l'avez, ils n'ouvrent pas le message. Même s'ils l'ouvrent, ils ne répondent pas.

<u>Si vous comptez envoyer des messages directs</u>, vous n'avez pas d'endroit où les envoyer. Même si vous l'avez, ils ne le lisent pas. Et même s'ils le lisent, ils ne répondent pas.

Maintenant que nous avons fait le tour de la question, voici l'ordre dans lequel nous résolvons ces problèmes :

1)   Trouver un moyen de les contacter

2)   Définir ce qu'il faut dire

3)   Les contacter jusqu'à ce qu'ils soient prêts et capables d'écouter.

Résultat. Nous trouvons de nombreux moyens de contacter les inconnus les plus qualifiés. Nous prenons contact avec un grand nombre d'entre eux, de différentes manières et à plusieurs reprises. Ensuite, nous les submergeons de valeur dès le départ pour les amener à manifester suffisamment d'intérêt pour aller de l'avant.

<u>Problème n° 1 : « Mais comment les contacter ?»</u> → Dressez une liste

Avec la prospection à froid, c'est nous qui choisissons nos cibles et non elles qui nous choisissent. Je me procure mes listes de leads ciblés de trois manières différentes. En premier lieu, j'utilise un logiciel pour récupérer une liste de noms. Deuxièmement, je paie des courtiers pour qu'ils m'assemblent une liste de leads ciblés. Et si aucune de ces méthodes ne fonctionne, je rassemble moi-même une liste de noms manuellement. Voici comment procéder.

- o <u>Étape n° 1 Logiciels</u> : Je m'abonne à autant de logiciels que possible qui collectent des leads à partir de différentes sources. Je les recherche tous en fonction de mes critères. Le logiciel me fournit alors des noms, des titres de poste, des informations de contact, etc. Je teste un échantillon représentatif, disons quelques centaines à partir de chaque logiciel utilisé. Ensuite, si les coordonnées sont à jour, si les leads sont réactifs et s'ils correspondent au type de personne que le logiciel prétend qu'ils sont, bingo ! J'obtiens alors autant de leads que le logiciel m'en donne. Mais si je perçois que je ne parviens pas à trouver le bon public, je passe à l'étape 2.

- o <u>Étape n° 2 Courtiers</u> : J'ai recours à plusieurs courtiers en données et je leur demande d'établir une liste basée sur mes critères d'audience. Ils m'envoient alors un échantillon. Je teste les listes d'échantillons de chacun des courtiers. Si j'obtiens de bons résultats avec un ou plusieurs courtiers, je retiens leurs listes. Si je ne parviens toujours pas à trouver le public que je recherche, je passe à la troisième étape.

- o <u>Étape n° 3 : L'huile de coude</u> : Je rejoins des groupes et des communautés qui me semblent correspondre à mon audience. Lorsque je trouve des personnes qui répondent à mes critères, je vérifie s'il existe des moyens de les contacter dans l'annuaire du groupe (par ex. des liens vers leurs profils dans les réseaux sociaux, etc.). Si c'est le cas, je les ajoute à ma liste. Si ce n'est pas le cas, je peux les contacter sur la plateforme qui héberge le groupe. Je préfère trouver des informations de contact en dehors du groupe pour ne pas passer pour quelqu'un qui cherche uniquement à exploiter le groupe pour faire des affaires, mais *je suis prêt à le faire s'il le faut*.

Bref, je travaille en partant des leads les plus accessibles vers les leads les moins accessibles.

Exercice n°24 : Créez votre liste. Trouvez votre outil de scraping en recherchant « outil de lead scraping pour la prospection à froid » (« Outbound leads scraping tool ») ou « lead scraping sur une base de données » (« Database lead scraping »). Trouvez les courtiers de la même manière. En quelques clics, vous trouverez ce que vous cherchez. Rassemblez vos 1000 premiers noms. Si vous disposez de plus de temps que d'argent, vous pouvez commencer par la troisième étape, car elle ne coûte que du temps.

Conseil de pro : les groupes d'intérêt sont le public froid le plus chaleureux que vous puissiez obtenir

Les groupes d'intérêt abritent <u>les leads les mieux qualifiés</u>, car ce sont des pools concentrés de personnes à la recherche d'une solution. Proposez-leur une. De nos jours, il existe des logiciels pour extraire des informations de ces groupes. Utilisez-les. C'est l'un de mes endroits préférés pour aller à la pêche.

<u>Problème n° 2 : « J'ai ma liste, mais qu'est-ce que je leur dis ? »</u> →Personnalisez, puis donnez rapidement une grande valeur ajoutée

Maintenant que vous avez votre liste de leads, vous devez réfléchir à ce que vous allez leur dire. J'insiste sur deux facteurs importants pour inciter des inconnus à s'engager : *la personnalisation* et *la grande valeur rapide*.

a) Ils ne vous connaissent pas→ Personnalisez (Faites comme si vous les connaissiez). Pour inciter davantage de leads à s'engager, il convient de présenter le message comme s'il émanait d'une personne qu'ils connaissent. Le meilleur moyen d'y parvenir est de savoir quelque chose sur la personne que l'on contacte, c'est-à-dire de *personnaliser* le message. Nous voulons que notre approche *froide* ressemble à une approche *chaleureuse*.

Voici comment vous y prendre. Obtenez une à trois informations sur le prospect. Puis, le complimenter et, dans l'idéal, lui montrer en quoi cela nous a été utile. Les gens aiment les gens qui les apprécient. Même si quelqu'un ne vous connaît pas, il vous accordera plus de temps si vous savez quelque chose sur lui. Cela pourrait ressembler à ceci...

...Imaginez que vous receviez un appel d'un numéro ou d'un code régional inconnus. Êtes-vous susceptible de répondre ? Probablement pas. Et si le numéro est de votre indicatif local ? Un peu plus probable. Pourquoi ? Parce qu'il pourrait s'agir de quelqu'un que vous connaissez. Alors, pour pousser cette idée plus loin, imaginez que vous répondiez au téléphone...

...La personne dit « <votre nom?> », puis fait une pause (comme on fait normalement). Vous diriez : « Oui... qui est-ce ? ». Maintenant, si cette personne disait ensuite : « C'est Alex...puis une pause...J'ai regardé quelques-unes de vos vidéos et j'ai lu le post que vous avez publié récemment sur le dressage des chiens. C'était génial ! Ça m'a vraiment aidé avec mon doberman. Quelle bête sauvage ! Le truc du beurre de cacahuètes m'a vraiment aidé. Merci pour ça ».

Vous pouvez maintenant vous attaquer au reste du script parce que vous avez gagné du temps.

Exercice n°25 : Faites une petite recherche sur chaque lead avant de le contacter. On peut le faire soi-même, payer des gens pour le faire à notre place ou recourir à un logiciel. Regroupez ce travail par lots. Puis, utilisez vos annotations pour déterminer la meilleure chose à dire pour donner *une impression de familiarité*. Remarque : si vous avez les moyens, il existe des technologies de personnalisation. Il suffit de faire une recherche en ligne pour trouver des bases de données qui vous donneront également des informations pertinentes à utiliser pour parler à un prospect.

Conseil de pro : Hausse de 50 % du taux de réponse aux courriels

J'ai pris notre modèle de prospection à froid et je l'ai réécrit à un niveau de lecture inférieur à celui d'un élève de troisième année. Les résultats : *50 % plus de leads ont répondu.* Je fais désormais passer tous les scripts et messages par une application gratuite de niveau de lecture en ligne.

b) Ils ne nous font pas confiance → Grande valeur rapide. Les inconnus ont besoin de beaucoup plus de motivation pour se rapprocher de vous qu'un public chaleureux. Facilitez-vous donc la vie en leur « donnant votre chemise ». Nous n'essayons pas de chatouiller leur intérêt, <u>nous essayons de leur en mettre plein la vue en moins de trente secondes.</u>

Vous pouvez faire votre offre directement ou proposer un lead magnet, ou les deux. Cela incite fortement la personne à répondre. Si votre offre ou votre lead magnet ne fonctionne pas, augmentez la mise. Continuez à offrir plus jusqu'à ce que votre offre soit *si bonne que la personne se sente stupide de dire non*. Soit ils achètent chez vous, soit ils auront des choses agréables à dire à votre sujet. Une situation gagnant-gagnant.

Exercice n°26 : Écrivez de façon précise la grande valeur rapide que vous prévoyez de fournir à chaque lead.

<u>Problème n° 3 : « Je n'ai pas assez de chances de parler aux gens de mes produits exceptionnels, que dois-je faire ? » → Volume</u>

Une fois que nous avons notre liste de noms, des informations personnelles et notre grand lead magnet séduisant, nous devons faire que davantage d'inconnus le voient. Nous y parvenons de trois manières. Tout d'abord, nous automatisons la livraison dans la mesure du possible. Ensuite, nous automatisons la distribution dans la mesure du possible. Enfin, nous effectuons un suivi plus fréquent et par des moyens plus nombreux.

a) Livraison automatisée. Dans la mesure du possible, l'automatisation de la livraison entraîne une croissance considérable, car il n'est pas nécessaire de communiquer littéralement le message au prospect. Cela signifie que vous obtenez plus de prospects engagés par unité de temps (même s'ils sont moins nombreux à s'engager en pourcentage global). Voici à quoi ressemble la différence entre la livraison manuelle et la livraison automatisée.

<u>Exemples manuels</u> : Une personne en chair et en os peut dire un script à quelqu'un au téléphone. Vous pouvez envoyer un message vocal personnel à chaque lead. Une personne peut écrire une lettre manuscrite à chaque personne de la liste. Si la transmission du message prend du temps à une personne à chaque fois, il s'agit d'un processus manuel.

<u>Exemples automatisés</u> : On peut envoyer un message vocal préenregistré à la messagerie du destinataire. On peut envoyer des courriels modélisés dans une boîte de réception ou un texte modélisé sur le téléphone d'une personne. On peut envoyer une vidéo préenregistrée. Etc. Vous enregistrez votre message une fois, puis vous envoyez le même message à tout le monde.

b) <u>Automatiser la distribution.</u> Une fois nos messages préparés, nous devons les distribuer.

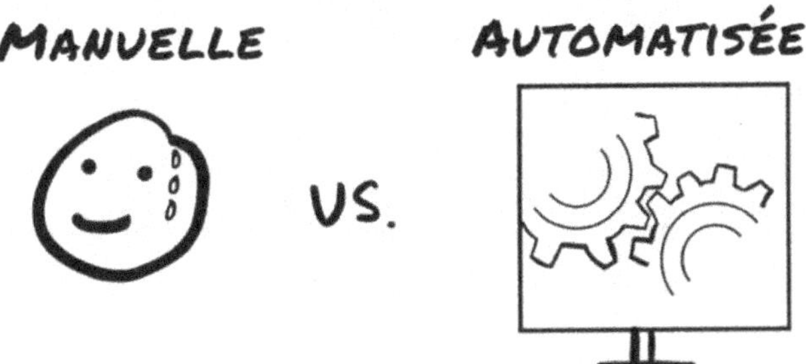

<u>Exemples manuels</u> : Composer chaque numéro de téléphone. Cliquer sur envoyer pour chaque courriel, message direct, texte, etc.

<u>Exemples automatisés</u> : Utiliser un robot pour composer plusieurs numéros à la fois. Envoyer une série de 1 000 courriels, textes, messages vocaux en une seule fois. Etc.

En règle générale, vous sacrifiez la personnalisation au profit de l'échelle. Vous obtiendrez un taux de réponse plus élevé avec des messages personnalisés. Moins vous avez de leads, moins vous devez avoir recours à l'automatisation.

Exercice n°27 : Recherchez des outils permettant d'automatiser certaines parties de votre travail. Ex : si vous passez des appels cinq jours par semaine, essayez un nouveau numéroteur automatique ou une nouvelle technologie un jour donné et comparez avec votre numéroteur habituel.

c) Suivi. Plus de fois. Plus de moyens. Il existe deux autres façons d'obtenir davantage de votre liste de noms.

Premièrement, vous essayez de les contacter plus d'une fois. Deuxièmement, utilisez plus d'un moyen de les contacter. Plus vous essayez de contacter quelqu'un de différentes manières et à plusieurs reprises, plus vous avez de chances de réussite. Les gens réagissent à des méthodes différentes. Par exemple, je ne réponds jamais aux appels téléphoniques. En revanche, je réponds beaucoup plus aux messages vocaux.

J'aime bien envoyer un courriel en premier. Vous savez pourquoi ? Parce que la plupart des gens ne répondent pas. Si quelqu'un ne répond pas à l'une de vos méthodes de contact, utilisez-le comme une excuse pour faire un suivi avec une autre méthode. *« Je vous appelle pour faire le suivi de mon courriel »*. Soit vous obtenez une réponse, soit vous avez une bonne raison de relancer. On est gagnants dans les deux cas.

Et une fois que vous avez obtenu un rendez-vous, attendez-vous à plus d'une conversation. N'oubliez pas que nous contactons de parfaits inconnus. La prospection nécessite plus de points de contact avec des personnes qui ne vous connaissent pas. Attendez-vous donc à deux ou trois conversations avant d'obtenir un ticket de vente plus élevé. Visez moins, mais attendez-vous à plus lorsque vous démarrez.

Conclusion : Agissez comme si vous vouliez réellement parler avec ces personnes, plutôt que de vous contenter de faire des démarches, et vous y parviendrez probablement.

Exercice n°28 : Contactez chaque lead plusieurs fois et de plusieurs manières.

Ensuite, une fois que vous avez fini de contacter les personnes figurant sur votre liste, recommencez à partir du début. Cette méthode fonctionne pour trois raisons. Tout d'abord, parce qu'ils n'ont peut-être tout simplement pas vu votre première série de messages. Ensuite, même s'ils les ont vus, ce n'était peut-être pas le bon moment pour répondre. De plus, leur situation peut avoir changé. Il se peut qu'ils n'aient pas eu besoin de vous à ce moment-là, mais qu'ils aient besoin de vous aujourd'hui. Réessayez donc dans trois à six mois et obtenez un tout nouveau groupe de leads engagés *à partir de la même liste.*

Exercice n°29 : Programmez un rappel pour une période de trois à six mois. Ensuite, reprenez contact. Conseil : si vous êtes nouveau dans une équipe de prospection, suivez le meilleur de l'équipe et faites deux fois plus d'appels que lui. Vous atteindrez un meilleur niveau en deux fois moins de temps.

Trois problèmes engendrés par les inconnus → Solution

J'ai écrit le livre dans cet ordre pour qu'il s'enrichisse de lui-même. Commencez par des contacts à chaud. Faites quelques répétitions. Publiez un peu de contenu pour développer votre audience chaleureuse. Faites encore plus de répétitions. Alors, vous serez prêt pour les contacts froids.

Et maintenant, nous avons résolu les trois principaux problèmes que posent les audiences froides : trouver la bonne liste de personnes, faire en sorte qu'elles vous écoutent et les inciter à s'engager. Victoire !

Repères : Comment je me débrouille ?

Il s'agit simplement de comparer ce que vous gagnez à ce que vous dépensez en main-d'œuvre pour le faire. Pour calculer notre retour sur investissement publicitaire, nous additionnons tous les coûts de main-d'œuvre et de logiciels associés aux étapes 1 à 3 de l'avant-dernière section.

Imaginons que nous ayons une équipe qui effectue des appels à froid :

- Nous les payons 15 dollars de l'heure et 50 dollars par rendez-vous réalisé ou « show ».

- Nous réalisons un bénéfice de 3 600 dollars par vente.

- Les clients potentiels nous coûtent 10 centimes.

- Ils appellent 200 leads par jour.

- Il est probable qu'un représentant nous donne environ deux rendez-vous réalisés par jour.

- S'il travaille huit heures par jour, nous paierons 120 dollars de main-d'œuvre et 100 dollars de commissions pour les « shows » par représentant, ainsi que 20 dollars pour les leads.

- Cela signifie que nous paierions 240 dollars pour deux « shows », soit 120 dollars par rendez-vous.

- Si nous concluons 33 % des rendez-vous, notre coût d'obtention d'un client (hors commissions) est de 360 $.

- Étant donné que nous réalisons un bénéfice de 3 600 $ par nouveau client, nous obtenons un rendement de 10:1.

Le principe de base dans le monde des affaires est de viser un rendement supérieur à 3:1. Personnellement, je vise beaucoup plus haut, car j'aime gagner plus d'argent. Voilà comment fonctionne la prospection à froid. Puis, il suffit d'augmenter le nombre d'employés. Si vous avez des employés, donnez-leur un nombre fixe de leads à traiter chacun. De cette façon, vous pouvez les contraindre à respecter des quotas. C'est quelque chose qui a bien fonctionné pour moi.

Cela semble dur, pourquoi se donner la peine ?

La plupart des gens sous-estiment totalement le volume nécessaire à la pratique de la prospection à froid. Ils sous-estiment également le temps que cela prend. Pourtant, l'utilisation de la prospection à froid présente sept *énormes* avantages :

1) Vous n'avez pas besoin de créer des tas de contenus ou de publicités.

2) Vos concurrents ne sauront pas ce que vous faites, car tout est privé.

3) Il est extrêmement fiable.

4) Moins de changements de plateforme. Les plateformes publiques changent tout le temps, ce qui est rarement le cas des communications privées.

5) La conformité est moins pénible.

6) <u>Pas de porte-parole = activité vendable.</u> Il n'est pas nécessaire d'avoir un visage pour travailler.

7) <u>Difficile pour vos concurrents de copier la taille d'une équipe de grande envergure.</u>

À vous de jouer

Si vous vous souvenez de notre liste de contrôle sur la publicité, c'est le point de départ de votre aventure pour obtenir des leads plus engagés grâce à la prospection à froid. Vous commencez à l'utiliser lorsque vous n'avez plus de personnes à qui faire de la publicité, ou parce que vous voulez simplement en avoir plus. Voici un exemple.

Liste de contrôle quotidienne pour les contacts à froid	
Qui :	Vous-même
Quoi :	Accroche + lead magnet/ offre principale
Où :	Toute plateforme de communication privée
À qui :	Base de données : Grattée, achetée ou logiciel utilisé.
Quand :	Tous les matins, 7 jours sur 7
Pourquoi :	Faire que les clients potentiels s'engagent pour vendre des produits.
Comment :	Appels, messages vocaux, courriels, textes, etc. Comment : blasts, textes de messages directs, messages vidéo, messages vocaux, publipostage, cartes écrites à la main, etc.
Combien ?	100 par jour
Combien ?	Jour 1 - 2x, Jour 2 - 2x, Jour 7 - 1x
Combien de temps :	Aussi longtemps qu'il le faudra.

Conseil de Pro : Comptez par centaines

Il s'agit d'un jeu de volume. Vous devrez atteindre un volume très important, de manière efficace, pour obtenir les résultats souhaités. Ne vous fixez pas un objectif quotidien inférieur à 100. Et ne vous arrêtez pas pendant au moins 100 jours. Si vous faites 100 contacts pendant 100 jours d'affilée, je vous assure que vous commencerez à acquérir de nouveaux clients potentiels.

À venir

Maintenant que vous avez pris l'engagement de suivre cette méthode d'approche à froid, nous passons à la dernière chose qu'une personne toute seule peut mettre en œuvre pour faire de la publicité : publier des annonces payantes.

CADEAU : Exemples de scripts de prospection à froid

J'ai dû couper des scripts pour que ce livre soit d'une longueur raisonnable. Si vous souhaitez vous en inspirer pour rédiger vos propres scripts, aller sur: Acquisition.com/training/leads. Et si vous voulez une autre raison à part « ça va vous faire gagner de l'argent »...., ça ne vous coûtera rien. C'est gratuit. Profitez-en. Et comme toujours, vous pouvez scanner le code QR ci-contre pour éviter de taper.

Nº 4 Publier des annonces payantes 1ère partie : Création d'une annonce

Comment faire de la publicité auprès d'inconnus

La publicité est le seul casino où, avec suffisamment de talent, vous devenez la « maison ».

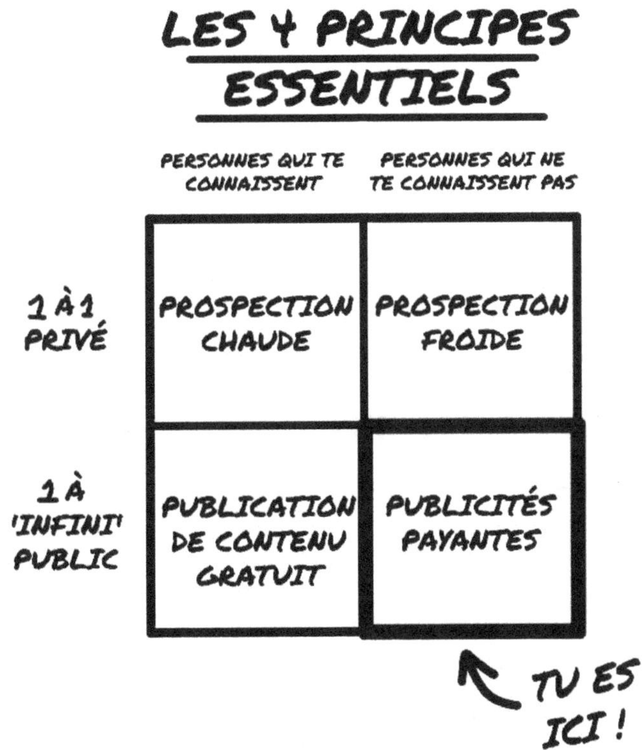

Comment fonctionnent les publicités payantes

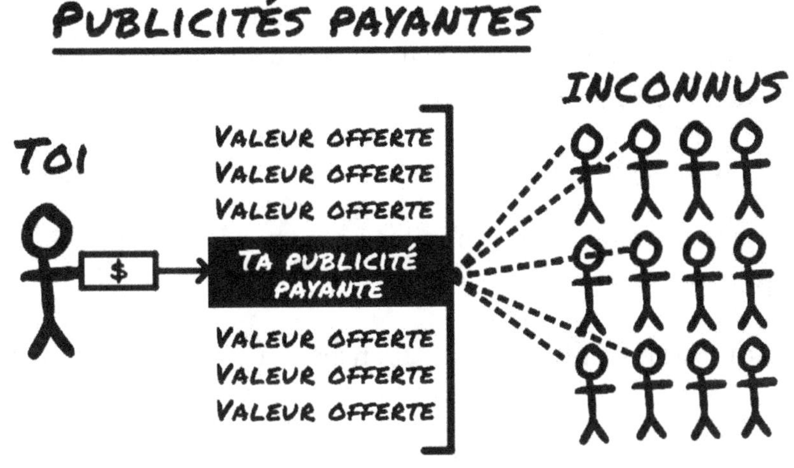

Les annonces payantes constituent un moyen rapide d'atteindre des audiences froides à grande échelle en payant pour accéder à l'audience d'une autre entreprise. Bien que plus risquées que d'autres méthodes, les annonces payantes peuvent générer plus de leads lorsqu'elles sont bien utilisées. Contrairement aux autres méthodes, la portée est garantie. La difficulté réside dans l'efficacité, c'est-à-dire dans l'équilibre entre ce que vous dépensez et ce que vous obtenez en retour.

Les annonces payantes nous posent quatre nouveaux problèmes à résoudre. Décortiquons-les ensemble :

1) Savoir où faire de la publicité

2) Attirer le regard du public ciblé

3) Élaborer la meilleure publicité pour eux

4) Obtenir leur autorisation pour les contacter

Étape nº 1 : « Mais où faire de la publicité ? » → Trouver une plateforme où ces quatre choses sont vraies.

Les plateformes distribuent du contenu à un public. Et partout où il y a un public, vous pouvez généralement faire de la publicité. Voici ce que je recherche dans une plateforme sur laquelle je souhaite faire de la publicité :

- Je l'ai utilisé et j'en ai obtenu de la valeur en tant que consommateur. J'ai donc une certaine idée de son fonctionnement.

- Je peux cibler les personnes de la plateforme qui sont intéressées par mes produits.

- Je sais comment formater des publicités propres à la plateforme (ce que j'approfondirai à l'étape 3).

- Je dispose du montant minimum à dépenser pour placer une annonce.

...Et oui, les plateformes changent tout le temps, mais ces principes restent les mêmes.

Exercice n°30 : Choisissez une plateforme qui répond à ces quatre exigences. Commencez à diffuser des publicités sur cette plateforme. Si vous n'êtes pas sûr, commencez par la plateforme la plus utilisée par vos concurrents.

Étape n° 2 : « Mais comment faire pour que les personnes appropriées la voient ? » → Les cibler

Pour trouver les bonnes personnes, il faut d'abord choisir la bonne plateforme. Ensuite, vous essayez de faire en sorte que le plus grand nombre possible de personnes susceptibles d'acheter vos produits voient votre annonce. Alors, nous faisons le deuxième tour à l'intérieur de la plateforme elle-même. Les plateformes publicitaires actuelles proposent deux façons de cibler. Vous pouvez les utiliser séparément ou les combiner :

1) <u>Cibler une audience similaire</u>. Les audiences similaires sont un outil de ciblage sur les plateformes publicitaires actuelles. Vous fournissez une liste de contacts et la plateforme trouve des usagers similaires à qui montrer vos publicités. Pour ce faire, procédez comme suit : Téléchargez une liste de clients actuels et anciens. Ajoutez des contacts chauds et des leads froids pour atteindre le minimum si nécessaire.

2) <u>Ciblez avec des critères de votre choix</u>. Les options de ciblage comprennent : l'âge, le revenu, le sexe, les centres d'intérêt, l'heure, le lieu, etc. Les filtres de base, à part l'audience similaire générée par la plateforme, constituent un moyen simple d'obtenir un plus grand nombre de personnes ciblées qui verront vos publicités. Résultat : des publicités plus efficaces.

> **Conseil de pro : Ciblage local**
>
> Les marchés locaux étant déjà minuscules par rapport aux marchés nationaux, vous ne voudrez pas ajouter beaucoup de filtres supplémentaires. Soyez aussi précis que possible, mais pas plus. Le marché local représente environ 0,1 % d'un pays, vous êtes donc déjà très limité.

Plus vous utilisez de filtres, plus la liste est spécifique. Plus la liste est spécifique, plus vos annonces sont efficaces, mais vous la « brûlerez » plus rapidement. Cependant, cette spécificité vous permet de remporter plus de succès dès le début. Les gains obtenus auprès d'audiences spécifiques plus restreintes vous permettent de disposer de l'argent nécessaire pour faire plus tard de la publicité auprès d'audiences plus larges et plus nombreuses. *C'est ainsi que l'on peut passer à une échelle supérieure.*

Exercice n°31 : Créer un public à cibler.

Étape nº 3 : « Mais que doit dire mon annonce ?» → Appel + Valeur + Appel à l'action (CTA)

Mes meilleures annonces reposent sur trois éléments.

1) Appel - Je dois amener les prospects à remarquer mon annonce.

2) Valeur - Je dois les intéresser à ce que j'ai à offrir.

3) Appels à l'action - Je dois leur dire ce qu'ils doivent faire ensuite.

1) Appel : Faire que les gens remarquent votre annonce est la partie la plus importante de l'annonce... et de loin.

Imaginez que vous êtes à un cocktail dans un grand salon. Beaucoup de gens parlent par groupes. De la musique bruyante joue en arrière-plan. Au milieu de tout ce bruit, un seul son se fait entendre et vous vous retournez. Vous voulez savoir quel est ce son ? Votre nom. Vous l'entendez et vous cherchez *immédiatement* la source.

Un **appel** *est tout ce que vous faites pour attirer l'attention de votre public.* Les appels vont de l'hyper-spécifique - pour attirer l'attention d'une seule personne - au pas du tout spécifique - pour attirer l'attention de tout le monde. Laissez-moi vous expliquer. Si quelqu'un fait tomber un plateau de vaisselle, *tout le monde* regarde. Si un enfant crie « Maman ! », toutes les *mamans* regardent. Si quelqu'un prononce votre nom, *vous* seul regardez. Mais encore une fois, ils attirent tous l'attention.

J'essaie de faire en sorte que mes appels soient suffisamment spécifiques pour toucher les personnes ciblées *et* suffisamment larges pour en toucher le plus grand nombre possible. Soyez donc attentifs à la manière dont les publicitaires utilisent les « call outs », en particulier ceux qui ciblent votre public.

Voici ce que je recherche dans les appels verbaux : utiliser certains mots pour attirer l'attention :

1) <u>Étiquettes</u> : Un mot ou une combinaison de mots permettant de classer des personnes dans un *groupe*. Il peut s'agir de caractéristiques, de traits, de titres, de lieux et d'autres descripteurs. Ex : *Mères du comté de Clark* *Propriétaires de gymnase* *Travailleurs à distance* *Je recherche XYZ* etc. Pour être le plus efficace possible, *votre client idéal doit s'identifier à l'étiquette.*

2) <u>Questions à réponse positive</u> : Il s'agit de questions auxquelles les personnes qui répondent « oui, c'est moi » se qualifient pour l'offre. Ex : *Vous réveillez-vous pour faire pipi plus d'une fois par nuit?* *Avez-vous des difficultés à lacer vos chaussures?* *Avez-vous une maison d'une valeur de plus de 400 000 dollars?*

3) <u>Déclarations « si »-« alors »</u> : Si la personne remplit vos conditions, vous l'aidez à prendre une décision. *Si vous dépensez plus de 100 000 $ par mois en publicité, nous pouvons vous faire économiser 20 % ou plus... *Si vous êtes né entre 1978 et 1986 à Muskogee Oklahoma, vous pouvez bénéficier d'un recours collectif...*Si vous voulez faire XYZ, alors soyez attentif…*

4) <u>Résultats ridicules</u> : Des choses bizarres, rares ou hors du commun qui correspondent à un souhait de la personne. *Un studio de massage est complet deux ans à l'avance. Les clients sont furieux*. *Une femme a perdu 15 kilos en mangeant des pizzas et a viré son entraîneur* *Le gouvernement délivre des chèques de mille dollars à tous ceux qui peuvent répondre à trois questions* Etc.

Les appels ne doivent pas nécessairement être des mots. Il peut également s'agir de bruits ou d'images dans l'environnement. Revenons à la soirée cocktail. Bien sûr, un plateau de vaisselle qui tombe attire l'attention de tout le monde, mais il en va de même pour le cling*cling*cling* d'un couteau contre une flûte de champagne. Les deux attirent l'attention

          87

de tous pour des raisons différentes : l'un signale un désastre embarrassant, l'autre une annonce importante… *mais, dans les deux cas, tout le monde veut savoir ce qui va se passer ensuite. Ainsi, si la plateforme le permet, les bons publicitaires utilisent conjointement les appels verbaux et non verbaux.*

Voici ce que je fais pour les appels non verbaux - *utiliser le cadre et le porte-parole pour attirer l'attention :*

1) <u>Contraste :</u> Tout ce qui *ressort* dans les premières secondes. Les couleurs. Les sons. Les mouvements, etc. Observez ce qui capte votre attention.

2) <u>Ressemblance :</u> Pensez à *montrer* visuellement les étiquettes - caractéristiques, traits, titres, lieux et autres descripteurs auxquels les gens s'identifient. Les gens veulent travailler avec des personnes qui ont une apparence, un discours et un comportement qui leur sont familiers (il se peut que vous n'ayez ni une apparence, ni un discours ni un comportement qui leur soit familier). Par conséquent, si vous vous adressez à un large public, utilisez dans vos annonces davantage les caractéristiques ethniques, l'âge, le sexe, la personnalité, etc. Si vous vous adressez à un public restreint (par exemple, des appareils médicaux pour les personnes âgées), utilisez des personnes qui leur ressemblent.

3) <u>La scène :</u> Pensez à *montrer* les questions à réponse positive et les formules de type « si ». Ex : Une publicité montrant une personne se tournant et se retournant dans son lit interpelle les personnes qui souffrent de troubles du sommeil.

Exercice n°32 : Enregistrez une dizaine de nouvelles annonces chaque semaine. Mais enregistrez aussi une trentaine de phrases d'ouverture ou de questions pour démarrer l'annonce. Avec trente appels et dix annonces principales, vous pouvez créer trois cents variations en l'espace de quelques heures. Une fois que vous connaissez la meilleure accroche, vous l'appliquez à toutes les annonces.

2) Susciter leur intérêt. Faites en sorte que les bénéfices soient aussi importants que possible et que les coûts soient aussi faibles que possible. Cela confère à une offre ou à un lead magnet toute la valeur que cela peut avoir et permet de générer des leads plus engagés. Répondez sans ambages à la question suivante : *pourquoi devrais-je m'intéresser à ce que vous proposez ?* J'utilise le cadre « Quoi, qui, quand ».

LE PROCESSUS QUOI – QUI – QUAND

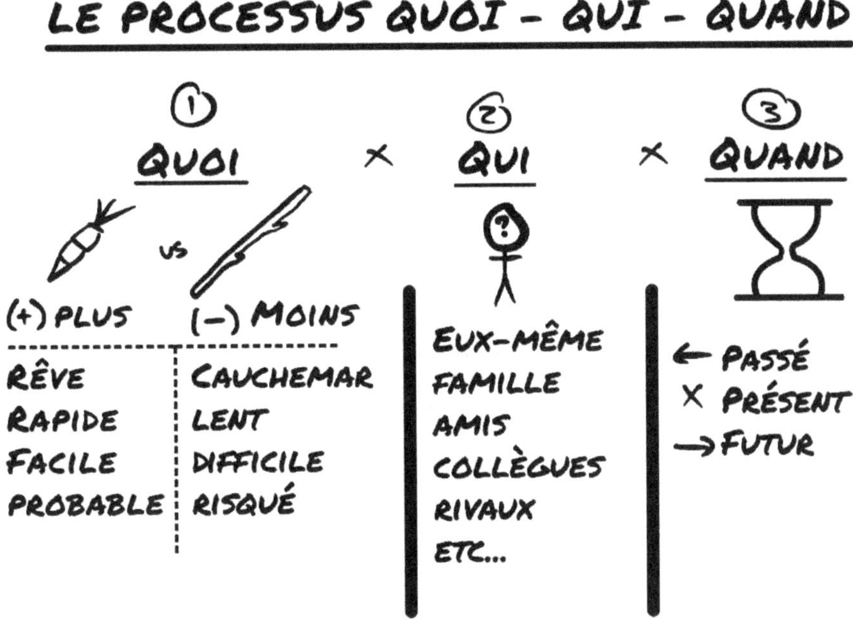

Commençons donc par Le Quoi : huit éléments clés

- **Résultat rêvé :** Montrer l'avantage maximal que l'on peut tirer de votre produit/service.

- **Le contraire (le cauchemar) :** Mettre en évidence la douleur que représente le fait de se passer de votre solution.

- **Probabilité perçue de réussite :** Faible perception du risque d'échec.

- **Le contraire (le risque) :** Mettre l'accent sur le risque de ne pas agir.

- **Le retard :** Expliquer la lenteur des progrès ou la stagnation en l'absence de votre solution.

- **Le contraire (la vitesse) :** Montrer à quel point votre offre leur permettra d'atteindre leurs objectifs plus rapidement.

- **Efforts et sacrifices :** Illustrer le travail et les compétences requises en l'absence de votre solution.

- **Le contraire (la facilité) :** Expliquer comment votre solution réduit les efforts et préserve ce que les gens aiment.

Voilà les 8 éléments clés qui répondent aux désirs, aux craintes et aux perceptions du prospect quant à la réalisation de ses objectifs, en positionnant votre produit ou service comme la solution idéale.

Nous comprenons à présent parfaitement le « Quoi », c'est-à-dire la manière dont nous fournissons les quatre éléments de valeur et dont nous évitons leurs quatre contraires. Nous passons maintenant à la lettre Q suivante - Le Qui.

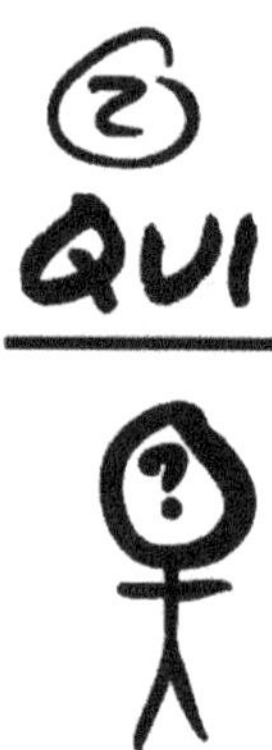

Qui : Les êtres humains sont conditionnés par leur statut, qui est déterminé par la façon dont les autres les traitent. Les bonnes publicités montrent comment le produit/service change la façon dont les autres traitent le client. Deux groupes clés sont à considérer : les clients qui gagnent en statut - et - les personnes qui donnent un statut (conjoint, enfants, famille, collègues, patrons, amis, rivaux). La multiplicité des points de vue offre de multiples façons de démontrer l'amélioration du statut. Cela nous donne plus de moyens de montrer les avantages au-delà de l'expérience directe du client.

Exemples :

- Pour la perte de poids : nouveau modèle de comportement pour les enfants, amélioration de la santé du conjoint, progrès dans la carrière.

- Pour les affaires : diminution des plaintes du conjoint, les enfants perçoivent moins de stress, prise de conscience des concurrents.

L'application de chaque perspective QUI à chaque facteur de valeur QUOI permet de créer une multitude d'histoires et d'angles. Cela nous amène au troisième volet du cadre « Quoi-Quoi-Quand » : Le Quand.

Quand : L'élément « Quand » de la création publicitaire vise à étendre la perspective du prospect tout au long de sa ligne temporelle :

1) Considérer les conséquences passées, présentes et futures des décisions

2) Visualiser des scénarios du point de vue du prospect et avec d'autres perspectives

3) Souligner les résultats négatifs à éviter en l'absence du produit/service

4) Contraster avec les résultats positifs en cas d'achat

5) Combiner les éléments de motivation « vers le bien » et « loin du mal ».

Utilisez cette approche chronologique pour trouver des angles meilleurs et plus variés dans vos annonces, et pour créer le message qui résonne le mieux chez votre prospect.

En réunissant le Quoi, le Qui et le Quand, nous répondons au POURQUOI *les gens devraient être intéressés.*

Lorsque nous combinons :

- tout ce que nous pouvons faire pour que le prospect s'oriente vers les quatre moteurs de valeur, et *s'éloigne* de leurs opposés

- les nombreuses perspectives que nous pouvons leur présenter pour améliorer leur statut, *et…*

- différents délais pour chaque étape…

…Voilà *pourquoi* ils devraient être intéressés. Maintenant, nous avons de nombreux moyens pour éveiller leur intérêt ! Et plus nous explorons de points de vue, plus ils seront intéressés.

   91

Conseil de pro : Avoir une inspiration illimitée.

De nombreuses plateformes disposent d'une base de données des publicités passées et actuelles. De nos jours, si vous recherchez « [PLATEFORME] bibliothèque d'annonces » dans un moteur de recherche, vous les trouverez en quelques clics. Si vous voyez une publicité qui est diffusée pendant longtemps (un mois ou plus), on peut supposer qu'elle est rentable. Alors, observez les callouts utilisés, la façon dont les éléments de valeur sont illustrés et les CTAs. Recherchez les mots utilisés et la façon dont ils sont illustrés. Décomposez une cinquantaine de publicités et vous aurez une longueur d'avance pour créer vos propres publicités efficaces.

Exercice n°33 : Effectuez une recherche dans la bibliothèque d'annonces de n'importe quelle plateforme pour décomposer au moins 50 annonces de vos concurrents et identifiez le Quoi, le Qui et le Quand. Modélisez ces éléments dans vos premières annonces.

3) CTA - Dites-leur ce qu'il faut faire ensuite

Si votre publicité a suscité leur intérêt, votre public sera très motivé... pendant un temps infime. Profitez-en. Dites-leur exactement ce qu'ils doivent faire ensuite. Faites en sorte que les CTA soient rapides et faciles. Des numéros de téléphone faciles, des boutons très visibles, des sites web simples.

Étape n⁰ 4 : « Comment puis-je obtenir leurs coordonnées ?» → Obtenir la permission de les contacter

Une fois qu'ils ont agi - OBTENEZ LEUR INFORMATION DE CONTACT. Ma méthode préférée pour les récupérer est une simple page de destination. Voici mes trois modèles préférés. Choisissez-en un et commencez à le tester.

PAGES DE DESTINATION

Et faites en sorte que vos pages de destination correspondent à vos annonces de toutes les manières possibles. Vous devez rechercher une expérience continue, du « clic à la fermeture ».

Faites avancer plus de gens à travers plus d'étapes en leur rappelant l'action qu'ils viennent de faire. Et montrez-leur comment l'action suivante s'aligne avec la précédente, vous inciterez plus de gens à passer à la suivante (Information de contact).

Exercice n°34 : Créez votre première page de destination. Créez une page de destination ou payez quelqu'un pour le faire. Cela prend 10 minutes ou 200 dollars. Payez avec ce qui vous est le moins cher. **Maintenant, lancez votre annonce.**

Dans le chapitre suivant, nous analysons les résultats obtenus et les ajustements à réaliser.

Nº 4 Lancer des annonces payantes
2ème partie : Parlons d'argent

« J'essaie juste d'acheter un dollar et de le vendre pour deux » - Proposition Joe, *The Wire*

Toutes les publicités fonctionnent. La seule chose qui diffère d'une publicité à l'autre est son efficacité. Ce qui compte, c'est le retour sur investissement. Et avec les publicités payantes, c'est clair comme de l'eau de roche, car vous investissez X dollars pour que les gens voient l'annonce et vous obtenez Y dollars s'ils achètent vos produits.

Ce chapitre répond à quatre grandes questions sur les publicités telles que je les conçois :

- Combien dois-je dépenser ? → Les trois phases de l'évolution des publicités

- Comment savoir si je suis efficace ? → Coûts et points de repère

- Si mes annonces ne sont pas rentables, comment puis-je y remédier ? → Acquisition financée par le client

- Qu'est-ce que j'aurais aimé savoir avant de diffuser ma première annonce payante ? → Les leçons

« Mais combien dois-je dépenser pour les annonces payantes ? »→ Les trois phases de l'évolution des annonces payantes

Il y a trois étapes pour dépenser de l'argent en publicité, selon ma vision.

Première phase: Suivre l'argent. Avant de dépenser un seul dollar en publicité, mettez tout en place pour pouvoir suivre avec soin vos retours. Regardez un tutoriel sur la façon de procéder ou payez quelqu'un. C'est du copier-coller.

Deuxième phase : perdre de l'argent (à moitié blague). C'est investir dans « une machine à imprimer de l'argent ». Vous perdrez plus souvent que vous ne gagnerez, mais lorsque vous gagnerez, vous gagnerez gros. Lorsque vous testez de nouvelles publicités, prévoyez un budget correspondant à deux fois le montant de la recette client sur 30 jours. Mettre en place une machine publicitaire coûte de l'argent, mais cela en vaut la peine à long terme.

Troisième phase : Imprimer de l'argent. Lorsque vous gagnez plus que vous ne dépensez, la réponse est simple : dépensez autant que vous le pouvez. Inversez votre budget à partir de vos objectifs de vente. Si le chiffre vous terrifie, c'est que vous faites bien les choses. Faites confiance aux données. C'est ainsi que l'on se développe, et c'est la raison pour laquelle la plupart des gens n'y parviennent pas.

« Comment vais-je ? » - Coûts et rendements - Critères d'efficacité

Les annonces payantes efficaces génèrent plus d'argent qu'elles n'en coûtent. J'en mesure l'efficacité en comparant le bénéfice brut à vie (LGTP - « Lifetime gross profit ») au coût d'acquisition d'un client (CAC). LTGP représente tout l'argent qu'un client dépense sur votre produit, moins tout l'argent nécessaire pour le livrer. C'est l'argent réel que vous utilisez pour faire fonctionner votre activité.

Un bon ratio LTGP/CAC est d'au moins 3 pour 1. Les entreprises qui ont du mal à passer à l'échelle ont souvent des ratios inférieurs.

Deux leviers importants permettent d'améliorer le rapport LTGP:CAC :

1) Réduire le CAC - Obtenir des clients moins chers grâce à des publicités plus efficaces.

2) Augmenter le LTGP - Augmenter vos revenus par client grâce à un meilleur modèle commercial.

<u>Je préfère faire les deux pour maximiser le gain d'argent.</u>

Souvent, les entrepreneurs pensent qu'ils ont des publicités de mauvaise qualité (CAC élevé) alors qu'ils ont en réalité un modèle commercial de mauvaise qualité (LTGP faible). La différence entre les gagnants et les perdants est généralement le montant qu'ils gagnent sur chaque client.

Pour savoir où se focaliser, utilisez le CAC moyen du secteur comme guide. Si votre CAC est inférieur à 3 fois la moyenne du secteur, concentrez-vous sur votre modèle d'entreprise. S'il est supérieur, concentrez-vous sur la publicité.

Rappelez-vous que les coûts ne peuvent que s'approcher de zéro, mais que les gains peuvent monter jusqu'à l'infini. Améliorer l'efficacité publicitaire au-delà d'un certain point revient à essayer de « faire des économies » pour atteindre un milliard de dollars.

« Mes annonces ne sont pas rentables, comment y remédier ? » → Acquisition financée par le client

Pour de nombreuses entreprises, le LTGP est plus important que le CAC, mais pas après le premier achat. Ce problème de trésorerie paralyse votre capacité à faire évoluer les annonces. Mais si votre client dépense plus que ce qu'il en coûte pour le recruter et le satisfaire au cours des 30 premiers jours, vous avez financé l'acquisition du client.

Exemple :

— 15 \$/abonnement mensuel, 5 \$ pour la livraison = 10 \$ de bénéfice brut/mois

— Le membre moyen reste 10 mois = 100 \$ LTGP

— Si le CAC est de 30 \$, le ratio LTGP:CAC est de 3,3:1

Problème : Vous avez dépensé 30 \$ en publicité et n'avez récupéré que 10 \$ au départ.

Solution : Vendre immédiatement plus de produits

— Une vente incitative de 100 \$ (marges de 100 %) qu'un client sur cinq accepte = une vente incitative moyenne de 20 \$ par client.

— Nous passons ainsi de 10 à 30 dollars au cours des 30 premiers jours, ce qui nous permet d'atteindre le seuil de rentabilité.

Vous pouvez maintenant obtenir un autre client tout en percevant un bénéfice de 10 \$ par mois pendant 9 mois supplémentaires. C'est ainsi que l'on imprime de l'argent.

Conclusion : Faites en sorte que les clients vous remboursent dans les 30 premiers jours afin que vous puissiez recycler les liquidités pour obtenir davantage de clients. C'est ainsi que j'ai fait passer de nombreuses entreprises à plus d'un million de dollars par mois en 12 mois, sans financement extérieur.

Leçons personnelles tirées des publicités payantes

1 . Ne pas confondre les problèmes de vente avec les problèmes de publicité : Le coût de l'acquisition de clients ne provient pas uniquement de la publicité. Si des leads engagés souffrent du problème que vous résolvez et ont de l'argent à dépenser, mais qu'ils n'achètent pas, vous avez un problème de vente, pas un problème de publicité.

2 . Votre meilleur contenu gratuit peut donner lieu aux meilleures publicités payantes : Les contenus gratuits qui génèrent des ventes ou qui affichent de bonnes performances font souvent d'excellentes publicités payantes. Le contenu généré par l'utilisateur (CGU), comme les témoignages ou les avis des clients, peut également constituer une excellente publicité. Disposer d'un système pour encourager ce type de posts publics est un moyen facile d'obtenir des annonces potentielles.

3 . Si vous dites que vous êtes nul en quelque chose, vous serez probablement nul : Ne dites jamais « je ne suis pas doué en informatique » ou « je déteste les trucs technologiques ». Cela ne fait que vous appauvrir. Le fait de dire cela pendant des années peut vous faire perdre du temps et de l'argent, mais un effort concentré peut rapidement inverser cette situation. « Si cet imbécile peut le faire, je le peux aussi ».

À vous de jouer

Je peux vous apprendre à placer une annonce en vingt minutes avec un budget de 100 $. Cela vaut la peine, car vous apprendrez que la publication d'annonces est plus facile que vous ne le pensez. Les plateformes dépensent des milliards pour rendre les choses le plus simple possible. Il vous suffit de rechercher « COMMENT PLACER UNE ANNONCE SUR [PLATEFORME] » et de dépenser 100 dollars pour en placer une. Commencez avec une somme d'argent acceptable que vous êtes prêt à perdre chaque mois, en vous attendant à la perdre au cours de votre apprentissage et non de votre gain.

Liste de contrôle quotidienne des annonces payantes	
Qui :	Vous-même
Quoi :	Votre offre
Où :	Toute plateforme/ audience dont vous pouvez acheter l'accès
À qui :	Public cible ou public similaire
Quand :	Tous les jours, 7 jours sur 7
Pourquoi :	Obtenir des prospects engagés à qui vendre
Comment :	Appel + 3Ws + CTA
Combien ?	Apprendre à budgéter, puis inverser à objectif de vente
Combien ?	30+ Appels x 10 Pubs
Combien de temps :	Aussi longtemps qu'il le faudra.

CADEAU : Formation Bonus - Les pubs payantes, la voie rapide

Diffuser des annonces payantes est la voie rapide. Il s'agit d'une activité à haut risque et à forte récompense. J'ai préparé une analyse plus approfondie des cadres de publicité payante qui m'ont été utiles dans tous les secteurs d'activité et à tous les niveaux de prix. Vous pouvez le trouver ici gratuitement, comme toujours : Acquisition.com/training/leads. Je vous offre un cadeau - l'argent que vous gagnerez à l'avenir. Et comme toujours, vous pouvez aussi scanner le code QR ci- contre si vous n'avez pas envie de taper l'adresse.

Les quatre principes sous stéroïdes : Plus, Mieux, Nouveau

« Si au début vous n'y parvenez pas, utilisez la force ».

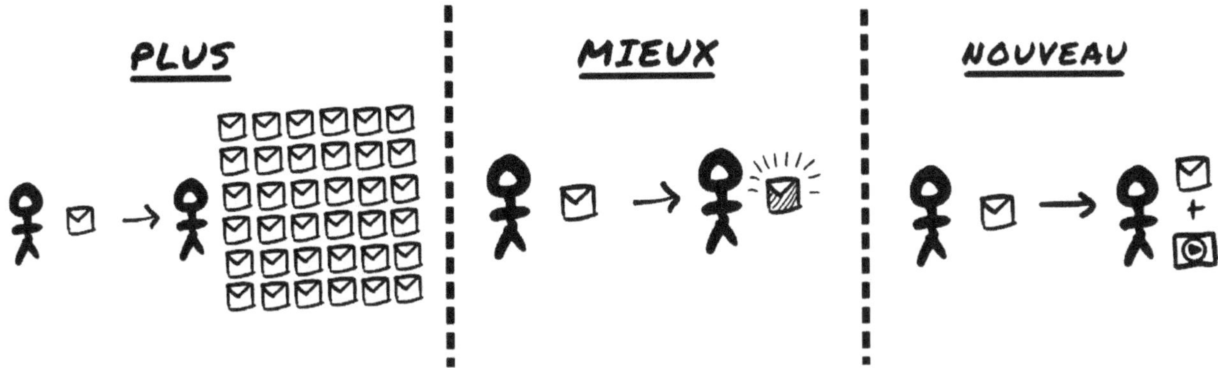

Comment obtenir encore plus de leads : Plus Mieux Nouveau

Que faire si vous suivez les quatre éléments essentiels et que vous n'obtenez toujours pas autant de leads engagés que vous le souhaitez ? Il existe trois façons de stimuler l'un des quatre éléments afin d'obtenir encore plus de leads engagés par vos propres moyens : **Plus, Mieux, Nouveau**.

C'est simple :

1) Tu peux faire *plus* de ce que tu fais actuellement.

2) Tu peux *mieux* faire ce que tu fais actuellement.

3) Tu peux le faire dans un *nouvel* espace.

Commençons donc par celui que je fais en premier : *Plus*.

Plus

La prochaine chose évidente à faire pour obtenir des leads plus engagés est de faire *plus* de publicité. *Beaucoup plus. *Montez le volume jusqu'à votre capacité maximale. Même sans aucune amélioration, le fait de doubler vos efforts vous permettra d'obtenir plus de clients potentiels. C'est souvent en faisant *plus* de publicité que l'on obtient les plus fortes augmentations.

Voici comment je fais *plus* : La règle des 100. Faites 100 actions primaires chaque jour, pendant 100 jours d'affilée. Si vous faites cela, vous obtiendrez plus de leads engagés. Adoptez la règle des 100 et vous n'aurez plus jamais faim.

Exercice n°35 : Suivez la règle des 100.

- ☐ Prospection chaleureuse : 100 contacts par jour

- ☐ Contenu du post : 100 minutes par jour pour créer du contenu

- ☐ Prospection à froid : 100 contacts par jour (utiliser l'automatisation)

- ☐ Annonces payées : 100 minutes par jour pour créer des annonces, à diffuser pendant 100 jours d'affilée.

Mieux

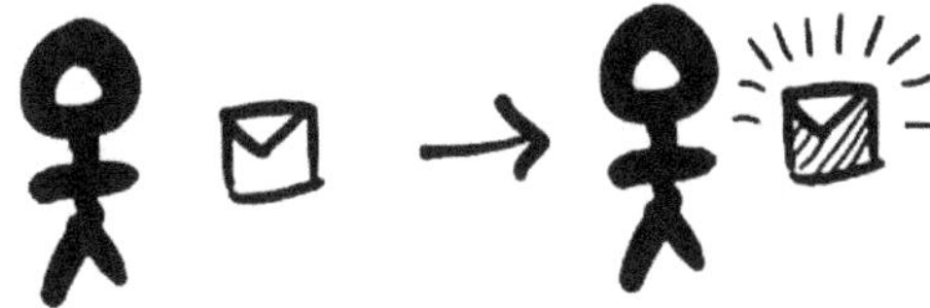

Le fait de vous améliorer vous permet d'obtenir plus de leads à effort égal. On ne peut s'améliorer qu'en testant. Faites-en plus jusqu'à ce que ça casse, puis faites-le mieux. Concentrez-vous sur la « contrainte », c'est-à-dire sur l'étape où le plus grand nombre de leads disparaît. Si vous n'êtes pas sûr, optimisez la publicité de l'avant à l'arrière. Augmenter la contrainte permet de stimuler au maximum les résultats.

Voici comment on peut faire mieux : On teste une chose par semaine et par plateforme. De cette façon, on apprend ce qui a fonctionné, on voit comment les modifications affectent les autres étapes, on priorise les tests et on les exécute assez longtemps pour constater des améliorations.

Exercice n°36 : Faites de mieux en mieux chaque semaine.

☐ Examinez les résultats et choisissez les gagnants pour chaque test de plateforme.

☐ Enregistrez les résultats.

☐ Préparez le test suivant.

☐ Si vous ne parvenez pas à battre la version actuelle en quatre essais, passez à la contrainte suivante. Ce n'est que lorsque les améliorations ont un rendement décroissant que nous essayons quelque chose de nouveau.

Nouveau

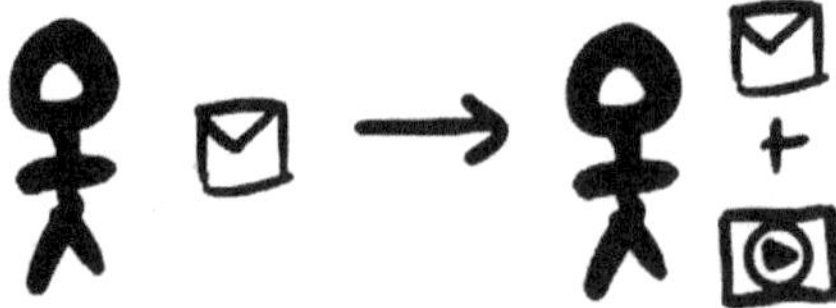

Quand innover : lorsque les résultats obtenus en faisant plus ↔ mieux sont inférieurs à ce que vous pourriez obtenir avec un nouvel emplacement ou un nouveau mode de publicité.

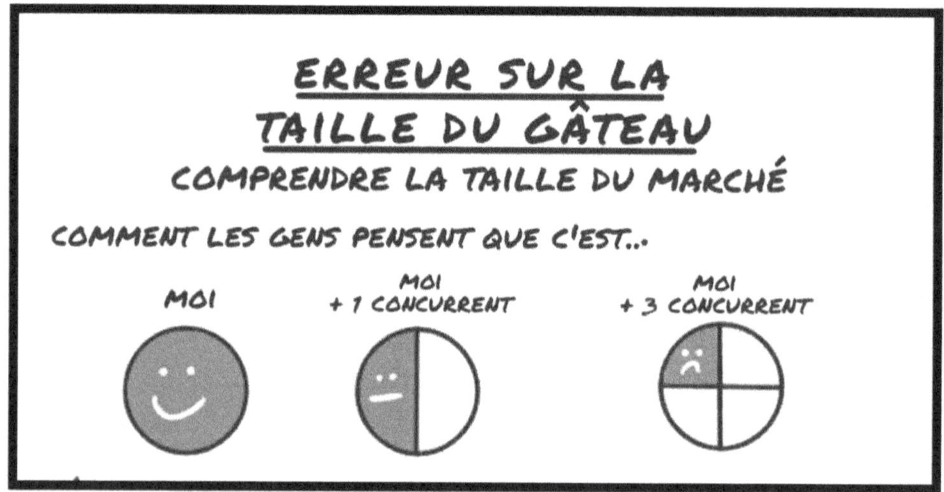

La plupart des chefs d'entreprise ne s'intéressent qu'à la plateforme et à la minuscule communauté dans laquelle ils commercialisent leurs produits. Et généralement, il n'y a que trois ou quatre grandes entreprises qui commercialisent dans leur créneau. Ils partent donc du principe que ces entreprises doivent se partager l'ensemble du marché. C'est faux.

L'image ci-dessous reflète la réalité.

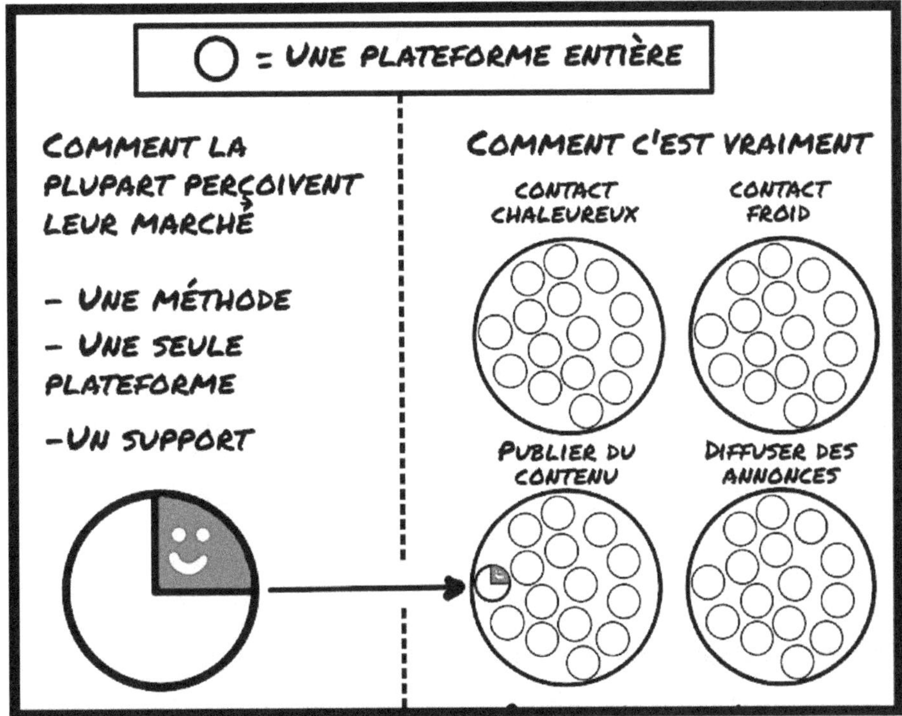

L'erreur de la taille du gâteau : les petites organisations pensent souvent à tort que leur minuscule part de publicité représente l'ensemble du marché disponible. Cela les rend plus pauvres qu'elles ne devraient l'être.

Il existe de nombreuses autres tranches d'attention à l'intérieur du minuscule univers du « post content ». Vous pouvez ajouter de nouveaux placements, de nouvelles plateformes ou de nouvelles quatre activités principales.

L'ordre dans lequel je choisis ma prochaine « nouveauté » se résume à une chose : qu'est-ce qui me permettra d'obtenir le plus de prospects pour le travail investi ? Neuf fois sur dix, c'est comme ça :

Nouveaux emplacements : Ex : vous passez de la réalisation de publicités sur Instagram story à des publicités sur Messenger.

<u>Nouvelles plateformes</u> : Ex : les courts métrages YouTube deviennent des courts métrages Instagram.

<u>Nouveau 4 Piliers</u> : Ex : vous passez de la réalisation de contenu uniquement, à l'ajout de publicités payantes.

Bref : Quelle que soit la façon dont vous faites de la publicité, vous pourriez le faire de façons rénovées ou à de nouveaux endroits. Chaque nouveauté nous permet d'obtenir ce que nous cherchons : plus de leads.

Épuisez d'abord « plus » et « mieux ». Essayez ensuite des nouveautés dans l'ordre suivant : nouvel emplacement, nouvelle plateforme, nouvelle activité parmi les 4 essentielles. Mesurez, augmentez l'échelle en utilisant « plus - mieux ». Ensuite, répétez le processus.

Conclusion

La publicité est le processus qui consiste à se faire connaître. Pour obtenir des contacts qualifiés, vous devez parler de vos produits à des inconnus. Une seule personne peut faire de la publicité de quatre façons : en investissant du temps, de l'argent ou les deux à la fois. Vous pouvez faire de la publicité auprès de personnes qui vous connaissent (contacts chauds) ou d'inconnus (contacts froids), de façon publique (contenu/annonces) ou privée (prospection).

Après la prospection chaleureuse, si vous avez plus de temps que d'argent, passez à la publication de contenu. Si vous avez plus d'argent que de temps, optez pour la prospection à froid ou la diffusion d'annonces. Choisissez une méthode, puis exploitez-la au maximum. Faites-en plus. Faites mieux. Faites preuve d'innovation.

Toutes les combinaisons des quatre méthodes publicitaires de base se renforcent mutuellement.

Je les ai toutes expérimentées en développant diverses activités à l'aide de différentes combinaisons de ces méthodes. Il existe de nombreuses façons d'obtenir des leads engagés. Si vous en maîtrisez une, vous avez de quoi vous nourrir pour le reste de votre vie. Elles fonctionnent toutes, à condition d'être utilisées correctement.

À venir

En suivant les étapes de ce livre, vous n'aurez plus le temps de rien faire d'autre.

Ni de faire plus, ni de faire mieux, ni d'ajouter quoi que ce soit de nouveau ! Vous aurez donc besoin d'aide pour voyager au pays des leads sans fin. Vous aurez besoin d'alliés. Ces alliés se déclinent en quatre catégories. Et comme ils sont plus nombreux que vous, ils sont la clé de votre réussite. Allez les chercher !

CADEAU : Formation bonus - Plus, mieux, nouveau

C'est l'un des sujets qui me passionne le plus en matière de développement commercial. Les PDG de notre portefeuille citent cet outil comme l'un des plus efficaces que j'aie mis à leur disposition. Si vous souhaitez voir une version vidéo de mon exposé, vous pouvez la trouver gratuitement ici, comme à chaque fois : Acquisition.com/training/leads. Et comme toujours, vous pouvez également scanner le code QR ci-contre si vous n'avez pas envie de taper l'adresse.

SECTION IV : TROUVER DES GÉNÉRATEURS DE LEADS

Trouver des personnes qui vous apporteront plus de leads

« Donnez-moi un levier suffisamment long et un point d'appui sur lequel le placer, et je ferai bouger le monde ». – Archimède

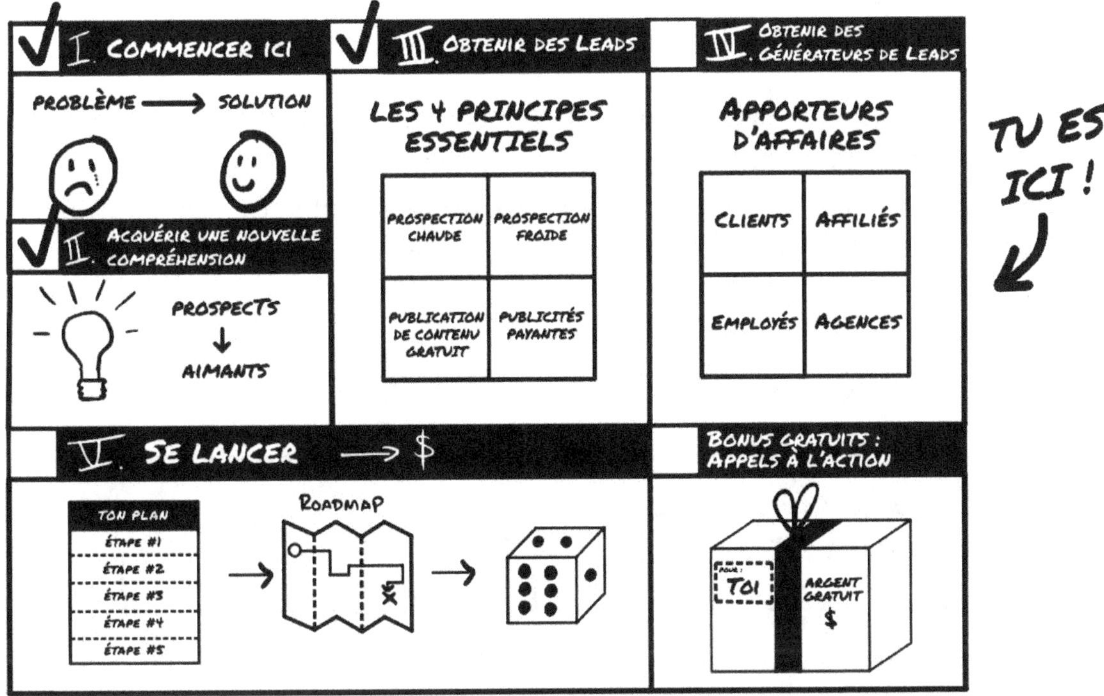

Les générateurs de leads vous offrent un effet de levier

Les gens peuvent découvrir les produits que nous vendons à partir de deux sources. Nous pouvons les informer en utilisant les quatre piliers. D'autres personnes peuvent également les informer à l'aide de ces mêmes principes. J'appelle ces autres personnes les « générateurs de leads » (ou lead getters). Lorsqu'ils font le travail à notre place, nous gagnons du temps. Nous obtenons ainsi plus de leads engagés pour moins de travail. L'effet de levier, quoi.

Imaginez quatre scénarios :

Scénario 1 : Vous <u>êtes</u> le prospecteur de leads. Vous faites les quatre tâches principales toute la journée, chaque jour, par vous-même. Vous obtenez suffisamment de leads pour payer les factures.

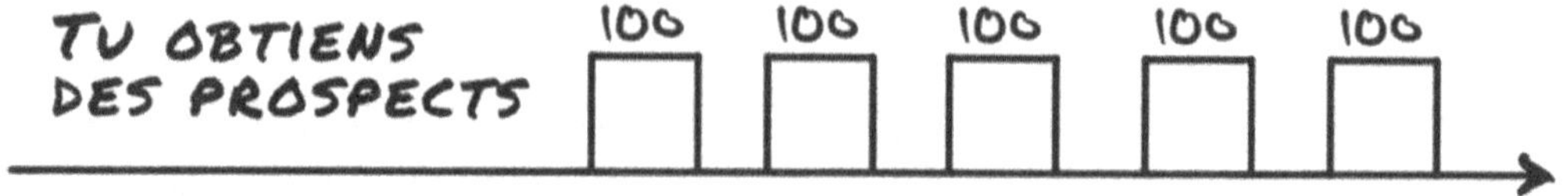

Travail : HAUT - Leads : FAIBLE - Effet de levier : FAIBLE

Scénario n° 2 : Vous <u>trouvez</u> un prospecteur générateur de leads. Le prospecteur effectue les quatre actions principales en votre nom. Il vous apporte suffisamment de leads pour payer vos factures sans que vous ayez à faire de la publicité. Vous travaillez moins que dans le scénario n° 1 et obtenez le même nombre de clients potentiels.

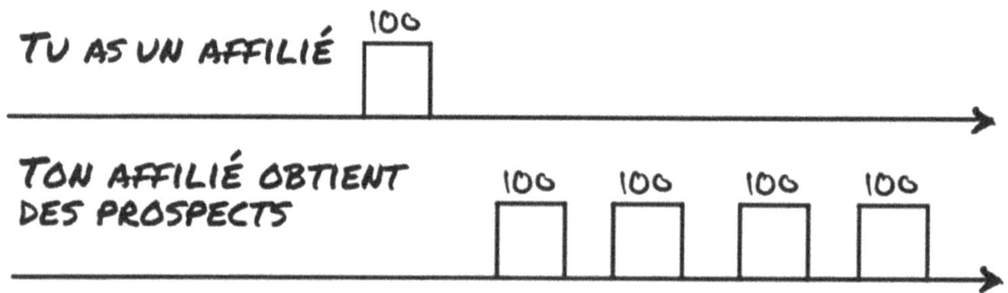

Travail : FAIBLE. Leads : FAIBLE. Effet de levier : ÉLEVÉ.

Scénario n° 3 : Vous trouvez beaucoup de prospecteurs. Vous passez tout votre temps à trouver d'autres prospecteurs générateurs de leads. Vos leads augmentent chaque fois que vous trouvez un nouveau prospecteur. Vous travaillez tous les jours toute la journée, mais vous obtenez beaucoup plus de leads que lorsque vous étiez seul. Vous travaillez plus que dans le scénario n° 2 mais vous obtenez *beaucoup* plus de leads.

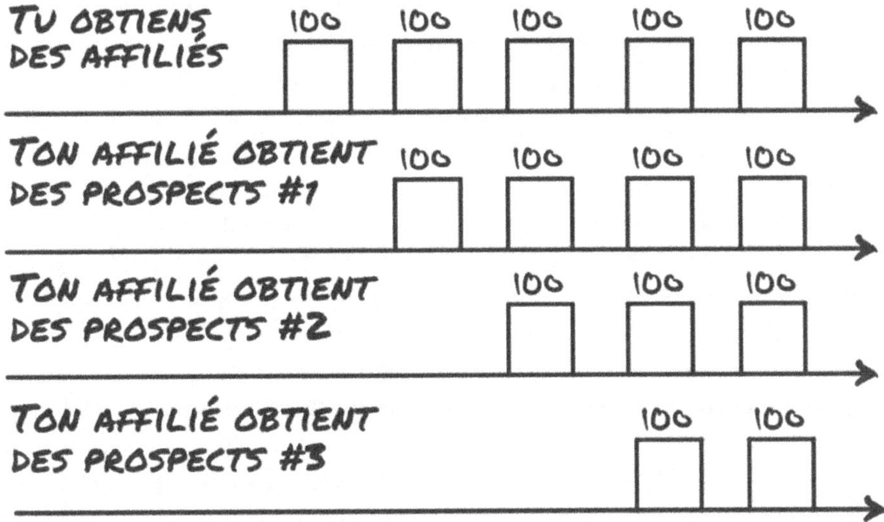

Travail : HAUT. Leads : ÉLEVÉ. Effet de levier : PLUS ÉLEVÉ.

Scénario n° 4 : Vous recrutez un prospecteur qui recrute d'autres prospecteurs. Vous recrutez quelqu'un qui recrute à son tour d'autres personnes pour faire de la publicité à votre place. Ils obtiennent de plus en plus de leads chaque mois. Vous n'avez dû travailler qu'une seule fois pour trouver le premier générateur de leads, mais ses leads continuent d'augmenter sans que vous ayez à travailler. Vous travaillez moins que dans le scénario n° 3 et vous obtenez plus de leads chaque mois.

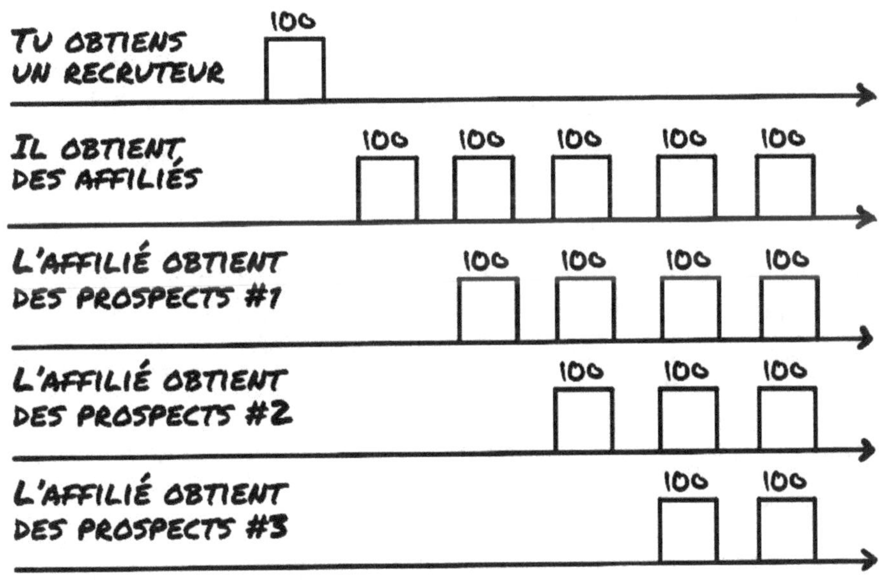

Travail : FAIBLE. Leads : ÉLEVÉ. Effet de levier : LE PLUS ÉLEVÉ

Vous avez maintenant tout ce qu'il faut pour monter une machine à *100 millions de dollars de leads.*

   111

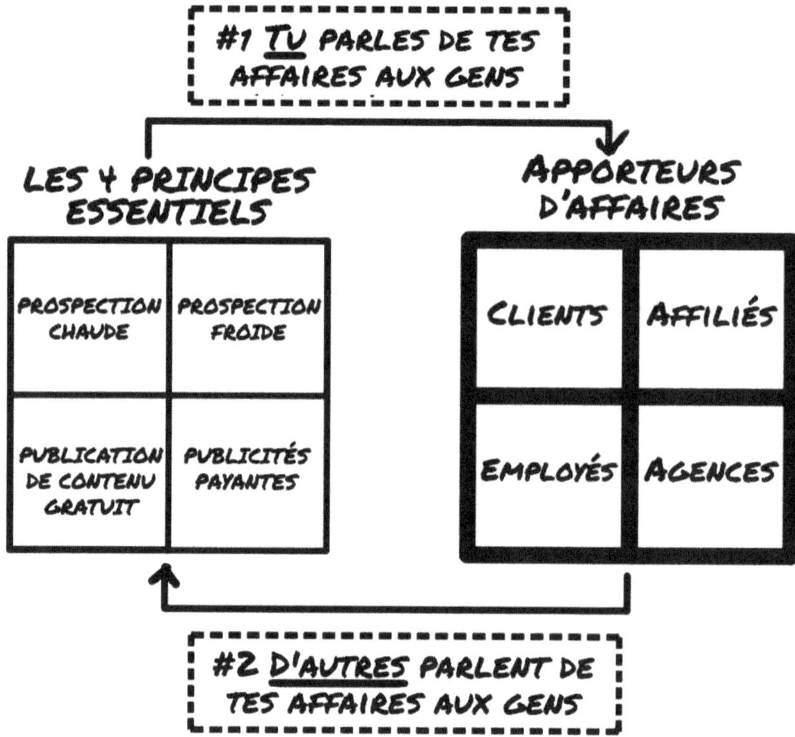

Esquisse de la section « Générateurs de leads »

Les générateurs de leads ne font pas partie des «4 actions essentielles », car il ne s'agit pas de choses que l'on fait. Mais vous devez passer par les 4 actions essentielles pour les obtenir. Une fois que vous avez obtenu des prospecteurs de leads, ils travaillent pour vous. Le processus se répète - les personnes qui génèrent des leads peuvent trouver d'autres prospecteurs qui génèrent des leads !

Les prospecteurs de leads ont commencé par être des leads, puis sont devenus des leads engagés. La différence est qu'ils amènent d'autres personnes intéressées aussi par vos produits. Dans l'idéal, chaque lead devient un générateur de leads.

Les quatre types de générateurs de leads sont les suivants :

Nº 1 Les clients - ils achètent vos produits et en parlent ensuite à d'autres personnes pour vous fournir des leads.

Nº 2. Employés - les personnes qui travaillent dans votre entreprise et qui vous apportent des leads.

Nº 3. Agences - entreprises proposant des services qui vous permettent d'obtenir des leads.

Nº 4 Affiliés - entreprises qui parlent de vos produits à leur public pour vous fournir des leads.

Ces quatre méthodes font connaître vos produits à d'autres personnes, ce qui permet d'obtenir un effet de levier plus important que si vous agissiez seul. Comprendre ces quatre outils vous permet de construire un système de collecte de leads pour chaque entreprise que vous créez.

Cette section explique comment utiliser ces quatre outils, leurs différences, comment travailler avec eux, quand les utiliser, les meilleures pratiques et comment mesurer les progrès.

CADEAU : Bonus avancé - Faites que d'autres personnes le fassent pour vous

C'est peut-être l'un de mes chapitres préférés du livre. Il m'a fallu beaucoup de travail pour comprendre comment tout recombiner en un modèle simple. Si vous voulez une formation plus poussée sur la façon d'amener d'autres personnes à vous fournir des leads, et comment cela s'applique à la mise à l'échelle, allez sur le site Acquisition.com/training/leads. Et comme toujours, vous pouvez également scanner le code QR ci-contre si vous n'avez pas envie de taper l'adresse.

Nº 1 Recommandations de clients - Le bouche-à-oreille

« La meilleure source d'un nouveau travail, c'est le travail sur votre bureau » − Charlie Munger

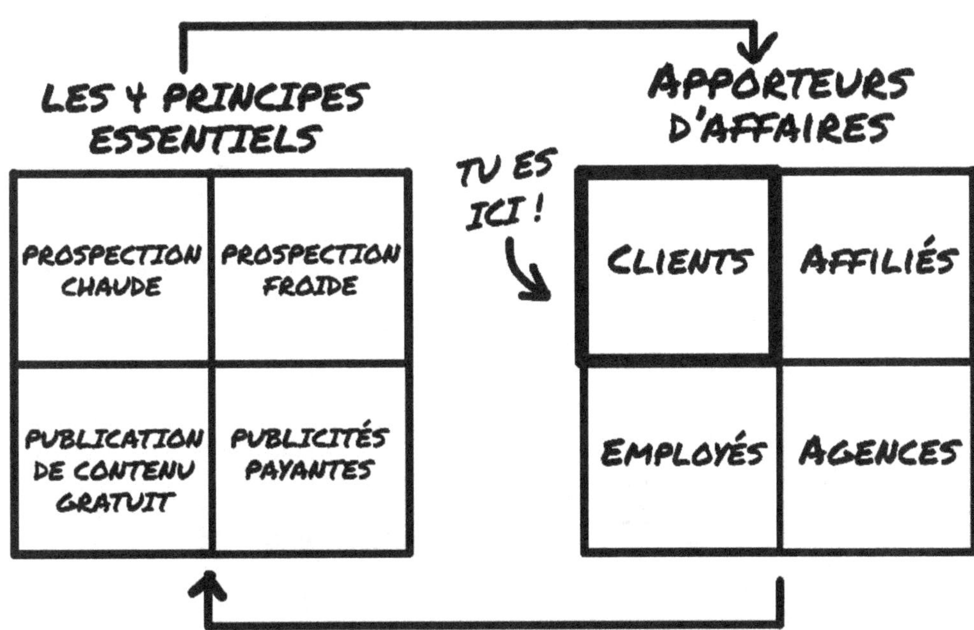

Comment fonctionnent les recommandations

Une recommandation se produit lorsque quelqu'un, un référent, envoie un lead engagé à votre entreprise. Tout le monde peut recommander, mais les meilleures recommandations proviennent de vos clients. Ce chapitre vise donc à obtenir davantage de recommandations de la part de vos clients.

Comment les recommandations font croître ton entreprise

Les recommandations sont importantes parce qu'elles font croître ton entreprise de deux façons :

1) Ils valent plus (LTGP plus élevé). Les personnes recommandées achètent des produits plus chers et les achètent plus de fois. Ils ont également tendance à payer d'avance en espèces. Sympa.

2) Ils coûtent moins (CAC moins élevé). Si un client vous envoie un autre client parce qu'il aime vos produits, ce nouveau client ne vous coûte rien. Et les clients gratuits sont moins chers que les clients qui vous coûtent de l'argent. Clients gratuits = avantage.

En plus, *les recommandations sont exponentielles*. Je m'explique.

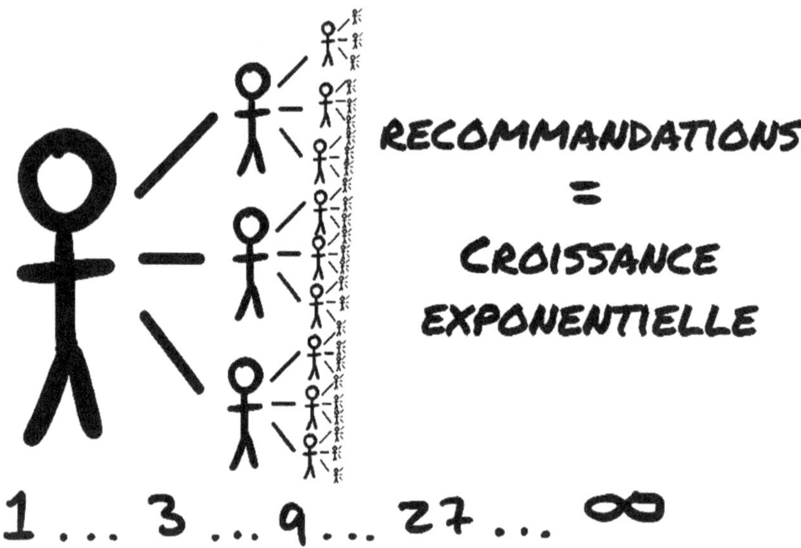

Le nombre de leads engagés que vous obtenez à partir des quatre piliers dépend de combien vous les utilisez. Il s'agit d'une relation assez linéaire. Mais avec le bouche-à-oreille, nous pouvons faire encore mieux - c'est exponentiel. Un client en amène deux, deux en amènent quatre, quatre en amènent huit, et ainsi de suite. Rien n'est plus efficace que le bouche-à-oreille. On peut le quantifier à l'aide de l'équation de la croissance des recommandations : nombre de clients recommandés (entrée) moins le nombre de clients perdus (sortie).

ÉQUATION DE CROISSANCE DES RECOMMANDATIONS

- Si les recommandations sont plus nombreuses que les désabonnements : vous vous développez sans autre forme de publicité (bravo !)

- Si les recommandations sont égales au désabonnements : vous avez besoin d'un autre moyen publicitaire pour faire grandir votre entreprise (meh)

- Si les recommandations sont inférieures aux désabonnements : vous devez faire de la publicité pour équilibrer votre budget (boo - la plupart des gens).

Les recommandations permettent de maintenir la croissance *quelle que soit la taille de l'entreprise*. En revanche, les petites entreprises s'en sortent à peine parce qu'elles ont à peu près autant de clients qui partent que de clients qui arrivent. Une roue de hamster mortelle. Voici pourquoi...

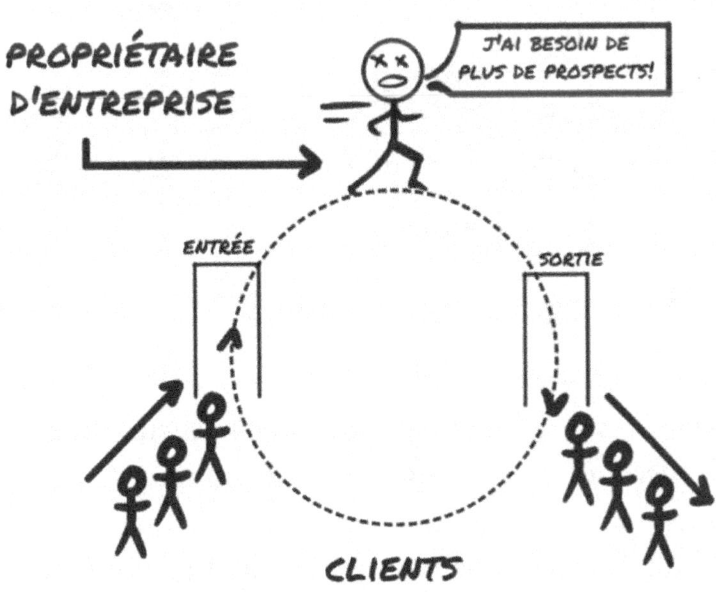

Deux raisons pour lesquelles un grand nombre d'entreprises n'obtiennent pas de recommandations

La plupart des entreprises n'obtiennent pas de recommandations pour deux raisons. Premièrement, leur produit n'est pas aussi bon qu'elles le prétendent. Deuxièmement, elles ne les demandent pas.

Problème n°1 : Le produit n'est pas assez bon

Si votre produit était exceptionnel, les gens le connaîtraient déjà et vous auriez plus de clients que vous ne pourriez en gérer. Par conséquent, si vous vendez directement aux consommateurs et que ceux-ci ne vous apportent pas plus de clients, c'est que votre produit peut être amélioré. J'aime me poser la question suivante « Pourquoi mes clients sont à ce point gênés de parler de mon produit à tous ceux qu'ils connaissent ? » La plupart des produits que je dois payer sont plutôt mauvais. Les chefs d'entreprise se demandent pourquoi ils n'obtiennent pas de recommandations. La réponse se trouve juste devant eux. Ils ne sont tout simplement pas assez bons.

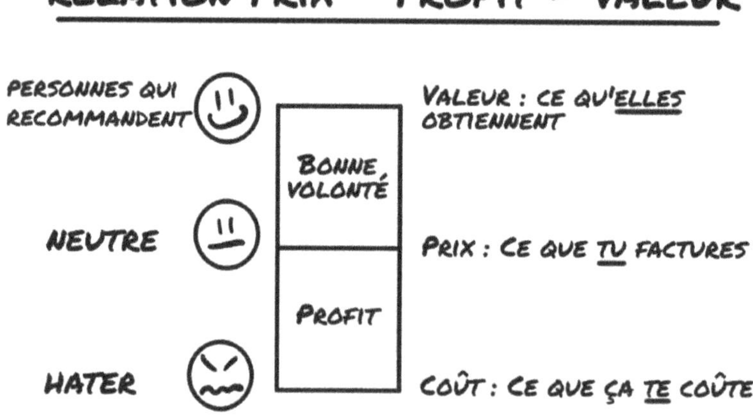

Le prix est ce que vous facturez. La valeur est ce que le client obtient. *La différence entre le prix et la valeur est **le goodwill**.* Il y a deux façons de gagner la sympathie de vos clients : vous pouvez baisser votre prix ou donner plus de valeur à ce que vous offrez. Pour créer de la reconnaissance et obtenir des recommandations, la question n'est pas de savoir comment baisser nos prix, mais plutôt comment offrir plus de valeur.

Six façons d'obtenir plus de recommandations en apportant plus de valeur

Il existe six façons d'obtenir des recommandations en offrant plus de valeur. Et cela se trouve être en corrélation avec les parties d'une publicité. C'est super.

1) Call Outs (ou Appels) → Vendre à de meilleurs clients

2) Résultat rêvé → Établir de meilleures attentes

3) Augmenter la probabilité perçue de réalisation → Obtenir de meilleurs résultats pour un plus grand nombre de personnes

4) Réduire les délais → Obtenir des résultats plus rapides

5) Réduire les efforts et les sacrifices → Continuer à améliorer ce que vous offrez

6) Appel à l'action (CTA) → Dire quoi acheter ensuite

1 . Call outs → Vendre à de meilleurs clients. Nous voulons vendre à de meilleurs clients parce que ce sont eux qui tirent la plus grande valeur de nos produits. Les clients qui obtiennent le plus de valeur sont ceux qui ont le plus de bonne volonté et qui recommandent le plus.

Exercice n°37 : Améliorez la qualité du prospect, et vous améliorez la qualité du produit. Identifiez ce que vos clients les plus performants ont en commun. Utilisez ces similitudes pour cibler un nouveau public avec les meilleures chances d'obtenir la plus grande valeur. Ensuite, ne vendez qu'aux personnes qui répondent à ces nouveaux critères. Veillez à ce que vous puissiez développer votre capital de sympathie. Plus de *goodwill*, c'est plus de références.

2 . Résultat rêvé → Fixer de meilleures attentes : Le moyen le plus rapide, le plus facile et le moins coûteux de rendre votre produit remarquable est de le rendre meilleur que ce à quoi les gens s'attendent. Et c'est plus facile que vous ne le pensez, car c'est _vous_ qui fixez les attentes.

Exercice n°38 : Réduisez lentement les promesses que vous faites lorsque vous créez des offres. Continuez à les réduire jusqu'à ce que vos taux de clôture diminuent. À ce moment-là, arrêtez. Vous maximisez ainsi le nombre de clients que vous obtenez et la sympathie que vous développez chez eux. Une clientèle et un capital sympathie maximisés se traduisent par un plus grand nombre de recommandations.

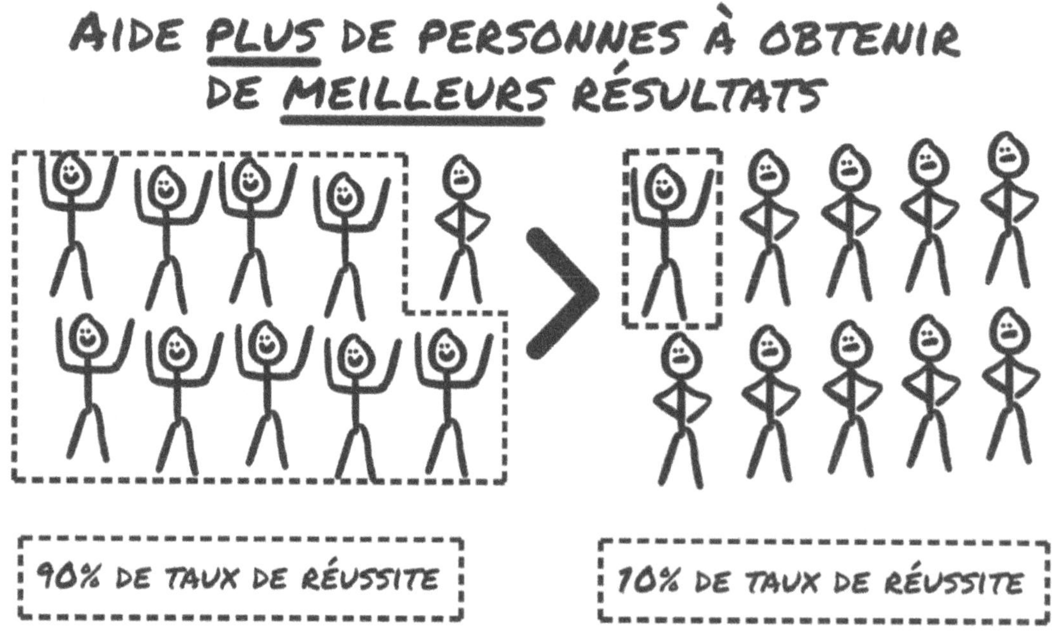

3 . Augmenter la probabilité perçue de réussite → Obtenir de meilleurs résultats auprès d'un plus grand nombre de personnes : Découvrez *ce que font* vos meilleurs clients pour obtenir le plus de valeur, et aidez les autres clients à faire de même. Suivez les activités des clients et comparez les clients moyens aux meilleurs.

Exercice n°39 : Améliorez votre produit.

1. Sonder les clients pour trouver ceux qui ont obtenu les meilleurs résultats

2. Interrogez-les pour savoir ce qu'ils ont fait différemment

3. Examiner les actions qu'ils ont en commun

4. Inciter les nouveaux clients à répéter ces actions

5. Mesurer l'amélioration des résultats des clients moyens

6. Adapter les conditions de garantie aux actions qui mènent aux meilleurs résultats.

7. Plus de succès. Plus de bonne volonté. Plus de recommandations.

4 . Diminuer les délais → Accélérer les succès : J'entends par « succès » toute expérience positive vécue par un client. Des succès plus rapides augmentent la perception de la vitesse, la probabilité qu'ils persistent et le degré de confiance qu'ils vous accordent. Pour que les succès soient perçus comme plus rapides, donnez-leur des succès plus souvent.

Exercice n°40 : Des succès plus rapides.

1. Livrer de petites unités à intervalles rapprochés plutôt qu'en une seule fois.

2. Partager les mises à jour des progrès aussi fréquemment que possible

3. Apportez autant de succès que possible dans les quarante-huit heures qui suivent l'achat.

4. Informez toujours vos clients du moment où ils recevront de vos nouvelles.

5. Ne vous attendez jamais à ce que les clients vous pardonnent - ajoutez cinquante pour cent aux délais pour livrer plus tôt.

VALEUR CONTINUE

\$.....\$.....\$.....\$.....\$.....

5 . Réduire les efforts et les sacrifices → Continuer à améliorer votre produit : Si les clients font moins de choses qu'ils n'aiment pas faire ou renoncent à moins de choses qu'ils tiennent à cœur pour pouvoir bénéficier de votre produit, c'est que vous l'avez amélioré. Le produit parfait n'existe pas : vous pouvez toujours l'améliorer. Plus vous leur facilitez la tâche, plus vous gagnez en sympathie et la probabilité qu'ils vous recommandent à d'autres personnes augmente.

Exercice n°41 : continuez à améliorer votre produit.

1. Déterminer le problème le plus fréquent à partir des données du service clientèle, des sondages et des évaluations.

2. Trouvez votre solution en obtenant le retour des clients qui ont réussi.

3. Améliorez votre produit sur la base des retours reçus

4. Testez une nouvelle version auprès d'un petit groupe de clients qui rencontrent des difficultés.

5. Obtenez le retour d'information suivant ; déployez le produit si le problème est résolu, ou revenez à l'étape 2.

6. Passez au problème le plus courant suivant et répétez l'opération

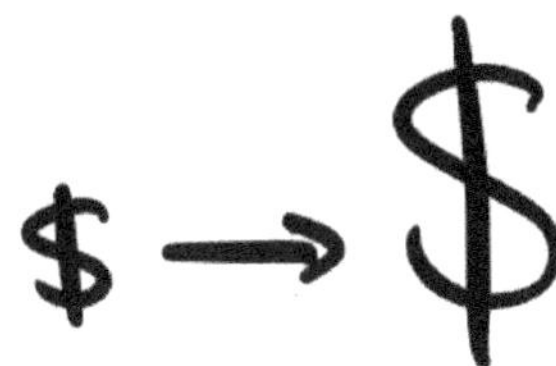

6 . Appel à l'action (CTA) → Dire quoi acheter ensuite : si vous avez un produit extraordinaire, les clients en redemanderont. Vous devez satisfaire leur désir d'acheter, sinon ils achèteront *à quelqu'un d'autre*. Vendez-leur à nouveau - soit un nouveau produit, soit davantage de ce qu'ils viennent d'acheter. Cela vous permet de renforcer le capital sympathie et d'allonger la durée de la relation avec le client.

Exercice n°42 : traitez chaque client comme si c'était la première fois que vous lui vendiez quelque chose. Faites que votre prochaine offre soit plus convaincante que la première. Rappelez-leur d'acheter davantage après chaque réussite importante. Plus de choses à acheter se traduit par plus d'opportunités d'ajouter de la valeur. Plus de valeur signifie plus de sympathie. Et plus de sympathie signifie plus de références.

Une question pour tout contrôler

Regroupons ces six étapes en une seule pensée expérimentale. Je vous encourage à y réfléchir avec votre équipe. La voici : *Vous avez perdu tous vos clients sauf un. Les dieux de la publicité vous interdisent de suivre les quatre piliers et décrètent :*

1) Tous les clients doivent provenir de ce seul client.

2) Si vous ne respectez pas nos conditions, nous détruirons votre entreprise.

Comment traiteriez-vous ce client ? Que feriez-vous pour que son expérience soit si précieuse qu'il y envoie tous ses amis ? Quel type de résultats devrait-il obtenir ? Comment se déroulerait son « onboarding » ? Quel type de client choisiriez-vous ?

Exercice n°43 : Pensez-y. Écrivez-le. Votre entreprise en dépend. Alors... faites-le :)

Type de client ? ____

Résultats ? ____

Onboarding ? ____

Expérience en cours ? ____

____

Les recommandations : Demande-les

Savez-vous pourquoi les entreprises ont si peu de recommandations par rapport à ce qu'elles pourraient avoir ? Elles ne les demandent jamais.

Sept façons de demander des recommandations

Un programme de recommandation comporte trois volets : la façon dont vous offrez l'incitatif, l'objet de l'incitatif et la façon dont vous demandez. Voici les sept combinaisons qui ont le mieux fonctionné pour moi :

1) **Prime pour recommandation unilatérale :** Payez votre CAC standard à l'auteur de la recommandation ou à l'ami du client.

2) **Prime pour recommandation bilatérale :** Payez le CAC aux deux parties, divisé entre le parrain et l'ami.

3) **Demandez une recommandation au moment de l'achat :** Au moment de la vente, récupérez les noms et les numéros des personnes susceptibles de vous recommander.

4) **Servez-vous des recommandations comme un argument de négociation :** Offrez des réductions contre la présentation de personnes de son entourage.

5) **Événements de recommandation :** Organisez des promotions limitées dans le temps où les gens sont récompensés s'ils amènent des amis.

6) **Programmes de recommandation permanents :** Promouvoir constamment les avantages de faire des choses avec d'autres.

7) **Primes de parrainage déverrouillables :** Créez des primes pour les personnes qui vous recommandent et qui laissent des témoignages.

Plus l'offre est insensée, plus les gens vous recommanderont. Si vous voulez qu'ils vous recommandent, faites une offre tellement avantageuse qu'ils seraient stupides de ne pas le faire.

Exercice n°44 : choisissez une stratégie de recommandation. Communiquez-la à vos clients.

Combiner les stratégies de recommandation pour obtenir plus de recommandations

Exemple de combinaison.

Offrez à chacun une carte-cadeau correspondant à un tiers du coût de son programme. Dites-lui qu'il peut l'offrir à un ami si celui-ci s'inscrit au programme. Donnez à la carte cadeau une date d'expiration dans les sept à quatorze jours à compter de la date à laquelle vous la donnez→ cela l'obligera à l'utiliser. Cela confère au recommandeur un certain statut lorsqu'il l'offre à son ami. Plutôt que de dire « Hé, rejoignez mon programme pour 2000 $ de réduction », il dit : « J'ai obtenu cette carte-cadeau pour 2000 $. Tu la veux ? Je ne veux pas la gaspiller ». C'est perçu comme une affaire beaucoup plus importante pour eux et pour vous.

Vous pouvez toujours utiliser l'introduction à trois avec cette tactique. Envoyez ensuite par SMS une photo de la carte-cadeau. Vous pouvez inscrire le nom de l'ami sur la carte avant d'envoyer la photo. Cela donne une impression de personnalisation et vous donne une raison légitime de demander le nom de son ami (clin d'œil).

PS - Vous pouvez également vendre les cartes-cadeaux à 90 % de réduction en tant que cadeaux achetables (uniquement pour les amis des clients). Le recommandeur donne ainsi l'impression d'avoir dépensé beaucoup d'argent, <u>et vous êtes payé pour obtenir de nouveaux clients.</u> Je peux difficilement imaginer une meilleure façon de gagner de l'argent. Encore une fois, la seule limite est votre créativité.

Exercice n°45 : Faites-le. Déterminez vos pourcentages de recommandation et de désabonnement pour établir une base de référence. Mettez en œuvre les six étapes de la « valorisation » pour susciter la sympathie. Tirez ensuite parti de cette sympathie en utilisant une ou plusieurs des sept façons de demander des recommandations.

À venir...

Pour développer nos publicités, nous avons besoin d'aide. Vous en aurez besoin si vous voulez gagner *beaucoup d'argent*.

À venir, les employés...

CADEAU : BONUS - Frénésie des recommandations clients

Si vous voulez en savoir plus sur les façons d'utiliser le moyen le plus efficace et le plus rentable d'obtenir des clients, j'ai préparé une formation juste pour vous. Vous pouvez l'obtenir gratuitement ici : Acquisition.com/training/leads. Et comme toujours, vous pouvez aussi scanner le code QR ci-contre pour ne pas avoir à taper l'adresse.

Nº 2 Employés

« Si tu veux aller vite, va seul. Si tu veux aller loin, va ensemble » – Proverbe africain

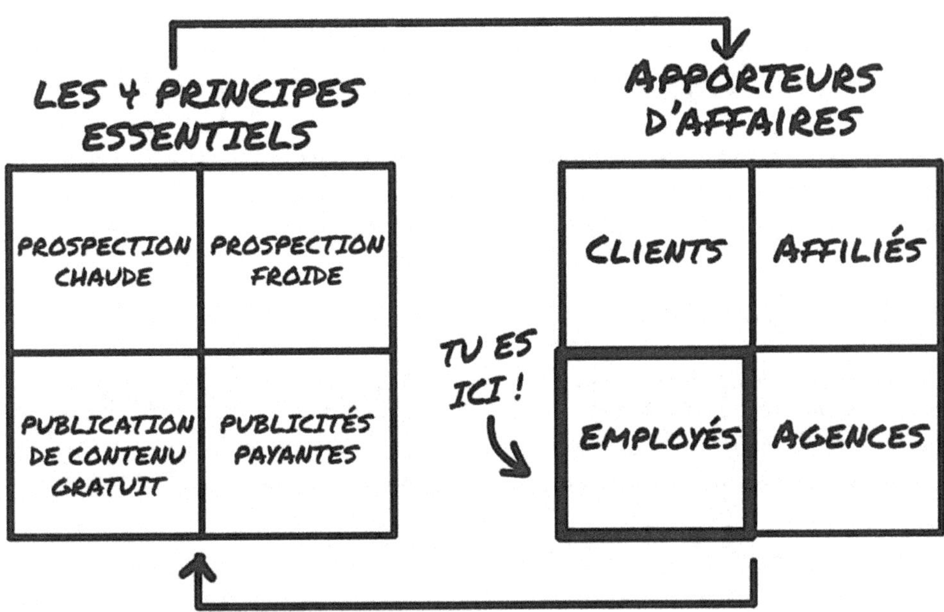

Comment les employés travaillent pour vous procurer des leads

Les employés prospecteurs sont des personnes travaillant dans votre entreprise et que vous formez pour qu'elles génèrent des leads. Ils peuvent publier des annonces, créer du contenu et le mettre en ligne, et faire de la prospection - toute forme de publicité pour laquelle vous les avez formés. Un plus grand nombre d'employés prospecteurs se traduit par plus de leads engagés pour votre entreprise et par une diminution de votre charge de travail.

<u>Conclusion</u> : Les employés assurent le bon fonctionnement d'une entreprise qui se développe sans votre intervention.

Comment obtenir des pistes d'employés : Les quatre noyaux internes

Vous vous souvenez des quatre piliers ? Eh bien, ils fonctionnent aussi pour recruter des employés. En changeant le cadre de « faire connaître votre produit à des clients potentiels » à « faire connaître votre produit à des employés potentiels », cela devient immédiatement une chose que vous savez déjà faire. Les employés ne sont que d'autres personnes à qui vous faites connaître vos produits. Vous faites donc la même chose !

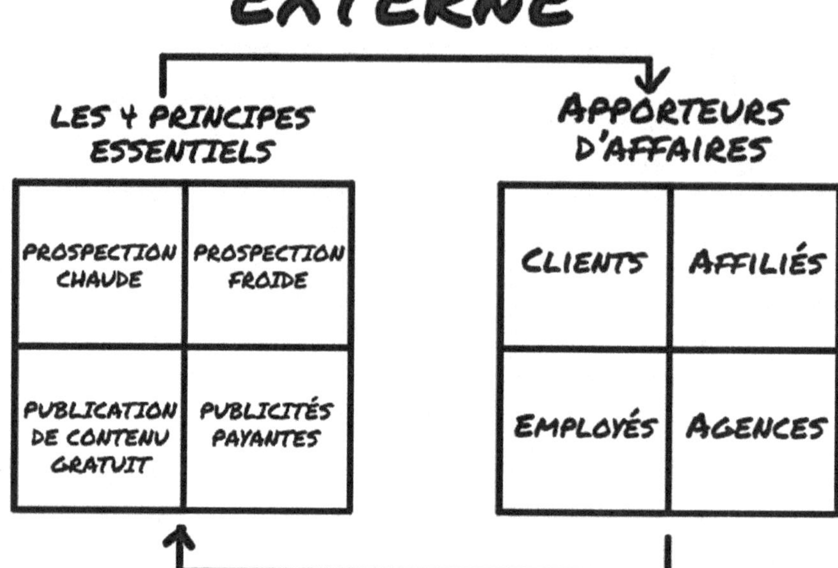

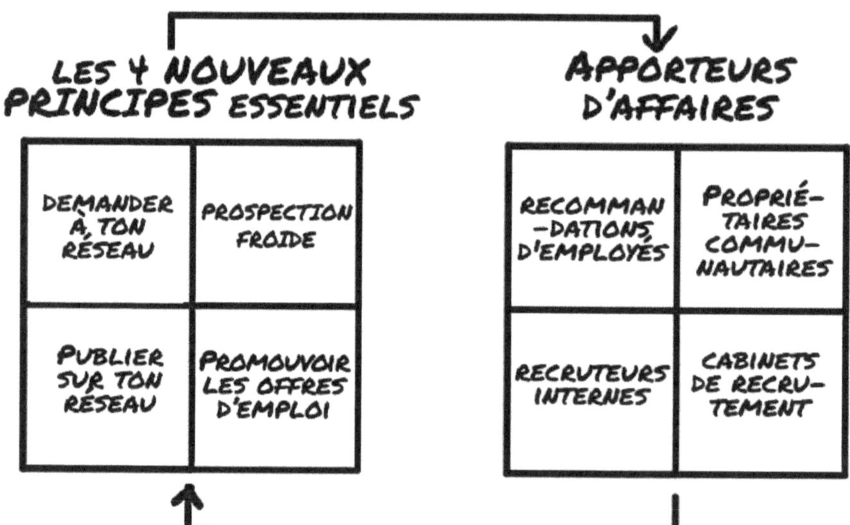

*Alignez les actions pour recruter des employés sur les actions
pour attirer des clients. C'ést la même chose !*

<u>Clients → Employés</u>

Prospection chaleureuse → Demander à votre réseau

Prospection à froid → Recrutement

Poster du contenu → Poster des offres d'emploi

Annonces payantes → Promouvoir des offres d'emploi

Recommandations des clients → Recommandations des employés

Affiliés → Associations, guildes, listservs, etc.

Agences → Sociétés de recrutement, etc.

Employés → Employés (inchangé)

Les moyens que vous utilisez pour obtenir des candidats et les personnes qui les obtiennent ont des équivalents avec les moyens que vous utilisez pour obtenir des clients et leurs générateurs de leads. Tout comme pour la création d'un processus fiable pour obtenir des clients, vous pouvez également créer un processus fiable pour obtenir des employés. Et vous aurez besoin <u>des deux</u> pour vous développer.

Comment obtenir des employés pour vous générer des leads

Maintenant, vous engagez quelqu'un qui vous coûte de l'argent chaque mois. Assurez-vous de récupérer cet argent, *et ce*, le plus rapidement possible. Si vous n'avez pas les moyens de recruter des personnes qui savent déjà comment obtenir des leads, la prochaine meilleure option est de les former. Abordez la formation avec le modèle mental 3Ds : Documentation, Démonstration, Duplication.

Première étape - Documenter : *Faites une liste de contrôle.* Notez les étapes exactement comme vous les faites. Enregistrez-vous en train de faire le travail de plusieurs façons et dans plusieurs équipes. Pouvez-vous faire un travail de qualité rien qu'en suivant vos instructions à la lettre ? Si c'est le cas, vous avez la première ébauche de votre liste de contrôle.

Exercice n°46 : Faites votre liste de contrôle. Suivez vos propres instructions. Voyez si cela fonctionne. Ajustez jusqu'à ce que vous obteniez le résultat recherché uniquement en suivant la liste de contrôle que vous avez faite.

Deuxième étape - Démontrer : *Faites le travail devant eux.* Accompagnez-les pas à pas à travers la liste de contrôle. Ajustez votre liste de contrôle s'ils vous arrêtent ou vous demandent d'expliquer davantage pour comprendre quelque chose.

Troisième étape - Dupliquer : *Ils font le travail devant vous.* Demandez-leur de suivre la même liste de contrôle que vous avez suivie. Réajustez votre liste de contrôle jusqu'à ce qu'elle soit correcte. Ensuite, demandez-leur de la suivre jusqu'à ce qu'ils y parviennent.

Après avoir formé vos premiers employés, vous aurez réglé les difficultés liées à la tâche. Si vous disparaissiez demain, un inconnu pourrait-il obtenir les mêmes résultats que vous s'il se contentait de suivre votre liste de contrôle ? C'est ce niveau de clarté qu'il faut viser. Quelques remarques utiles sur la formation :

- S'ils se trompent ou s'embrouillent, c'est que nous nous sommes trompés ou que nous avons embrouillé les choses.

- S'ils ne « comprennent » qu'après de longues explications, nous avons du pain sur la planche.

- Il y a une différence entre compétence et performance. Parfois, ils ont juste besoin de s'entraîner.

- Concentrez-vous sur leur capacité à suivre les instructions plutôt que sur le résultat.

- Encouragez- les lorsqu'ils réussissent une étape.

- S'ils suivent les instructions à la lettre et obtiennent un résultat erroné, complimentez-les et corrigez la liste de contrôle.

- Évitez les vexations pendant la formation. Récompensez les bonnes actions que vous voulez renforcer. Donnez un retour étape par étape.

- Formez à nouveau l'équipe en cas d'écart important par rapport à une performance normale.

- Une fois que la formation a porté ses fruits sur les nouveaux stagiaires, on peut raccourcir la durée d'évaluation des performances.

Comment calculer le rendement des employés chargés d'obtenir des leads ?

Si l'on exclut les annonces payantes, le coût de la publicité avec les employés est presque entièrement basé sur la masse salariale. Nous comparons ce que nous dépensons en masse salariale à ce que nous rapportent les leads engagés. Calculez le coût par lead engagé, puis multipliez-le par le nombre de leads engagés nécessaires pour obtenir un client afin d'obtenir le CAC. Comparez le CAC au LTGP pour obtenir votre ratio LTGP : CAC.

Comment savoir sur quels employés se concentrer pour maximiser les rendements ?

Si votre coût d'acquisition d'un client est inférieur à 3 fois la moyenne du secteur, vous vous en sortez assez bien. À partir de là, vous pouvez vous concentrer sur l'augmentation de votre LTGP. Si votre CAC est supérieur à 3 fois la moyenne du secteur, vous avez un problème de vente ou de publicité. Établissez un diagnostic à l'aide de la question suivante : Est-ce que mes leads engagés ont le problème que je résous et de l'argent à dépenser ?

- Si non, ils ne sont pas qualifiés - c'est un problème de publicité.
- Si oui, ils sont qualifiés et... :
    - ils achètent mais vous n'avez pas assez de leads - problème de publicité
    - ils sont qualifiés mais n'achètent pas - problème de vente.

Veillez à re-former ou à réembaucher les personnes les plus familiarisées avec le problème actuel.

Le prochain générateur de leads...

La prochaine étape de notre voyage publicitaire nous conduit vers les agences. Je les utilise pour raccourcir mon chemin vers l'apprentissage de *quoi que ce soit*.

CADEAU : TUTORIAL BONUS - Construire ou acheter - La feuille de route des talents

Plus je progresse dans les affaires, plus je demande « qui » plutôt que « quoi » et « comment ». Cette formation est peut-être l'une des plus tactiques et des plus importantes, car peu importe ce que vous voulez construire, vous aurez besoin d'aide. Puisque c'est si important, j'ai créé une formation décrivant ce contenu plus en profondeur avec quelques téléchargements, etc. Vous pouvez la voir gratuitement sur Acquisition.com/training/leads. Comme toujours, vous pouvez aussi scanner le code QR ci-contre pour éviter de taper l'adresse.

Nº 3 Agences

« Tout est à vendre »

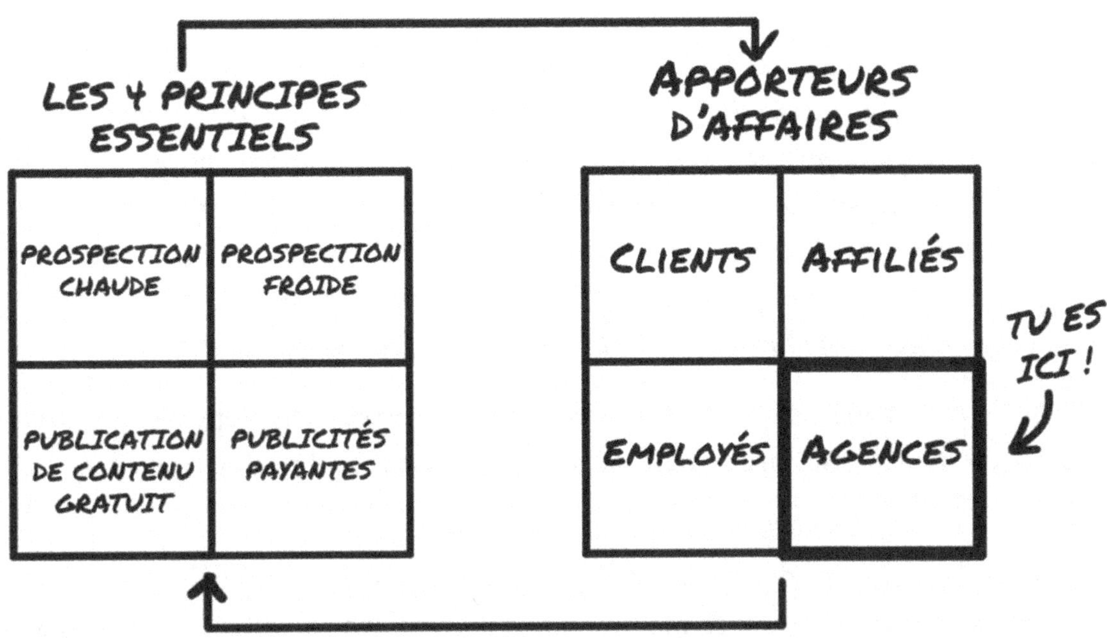

Les bonnes agences coûtent cher, donc si vous n'avez pas d'argent, elles sont hors de question. Mais si vous avez un peu d'argent, vous pouvez faire appel à des agences pour apprendre de nouvelles méthodes et découvrir comment utiliser de nouvelles plateformes. Les agences que j'engage proposent de nouvelles façons de faire du contenu, de la prospection ou des annonces payantes parce qu'elles ont l'expérience des grandes erreurs. Je fais également appel à des agences lorsque je veux commencer à faire de la publicité sur une plateforme que je ne maîtrise pas. Faire appel à une agence, c'est investir dans des compétences importantes que vous ne pouvez pas vraiment acquérir ailleurs, sans perdre le temps et l'attention que vous auriez pu consacrer à l'apprentissage d'autres aspects importants qui font évoluer votre entreprise. Ce chapitre décompose l'embauche d'une agence en deux étapes :

1) Comment je travaille avec les agences aujourd'hui. Et comment vous pouvez faire pareil.

2) Comment choisir la bonne agence

Comment je travaille avec les agences aujourd'hui. Et comment vous pouvez faire pareil.

Voici comment je travaille aujourd'hui avec les agences. Plutôt que de croire à la fausse croyance selon laquelle « je n'aurai jamais à apprendre ces choses parce que les agences s'en occupent », je commence chaque relation en fixant un objectif et une date limite pour sa réalisation. Je commence de cette façon :

« Je veux faire ce que vous faites dans mon entreprise, mais je ne sais pas comment. J'aimerais travailler avec vous pendant six mois afin d'apprendre comment vous procédez. D'autre part, je suis prêt à payer un supplément pour que vous m'expliquiez pourquoi vous prenez les décisions que vous prenez et les étapes que vous suivez danse ce processus. Ensuite, lorsque j'aurai une bonne idée de la façon dont tout cela fonctionne, je commencerai à entraîner mon équipe. Une fois les compétences acquises, j'aimerais passer à une formule de conseil moins onéreuse. Ainsi, vous pourrez toujours nous aider si nous rencontrons des problèmes. Êtes-vous d'accord ? ».

D'après mon expérience, la plupart des agences ne sont pas opposées à l'idée de vous enseigner leurs méthodes. Soyez prêt à négocier - à un certain prix, cela en vaut la peine pour les deux parties.

Si vous êtes sincère dans vos intentions et que l'agence est d'accord, vous obtiendrez de meilleurs résultats à court terme parce qu'elle en sait probablement plus que vous, et de meilleurs résultats à long terme parce que vous apprendrez à le faire vous-même ou que votre équipe apprendra à le faire pour vous. Vous passez également un maximum de temps avec leurs meilleurs représentants.

N'oubliez pas que vous ne bénéficiez que d'une fraction de l'attention de l'agence, et que les résultats se dégradent dès qu'elle obtient de nouveaux clients. Pendant ce temps, votre équipe s'améliore parce qu'elle reste concentrée sur vous à plein temps. Comparez les résultats de votre équipe à ceux de l'agence jusqu'à ce que vous les battiez. Ensuite, résiliez la relation et investissez l'argent dans la mise en œuvre de tout ce que vous venez d'apprendre.

Exercice n°47 : Utilisez le scénario ci-dessus comme guide pour fixer les conditions et les délais lorsque vous commencez à vous adresser aux agences. N'hésitez pas à négocier un peu pour que cela fonctionne.

Comment choisir la bonne agence

Après avoir travaillé avec des tonnes de mauvaises agences et une poignée de bonnes, j'ai créé une liste de ce que toutes les bonnes agences avaient en commun :

1) Quelqu'un que vous connaissez a obtenu de bons résultats avec l'agence.

2) Des entreprises renommées ont obtenu de bons résultats en travaillant avec l'agence.

3) Elles ont une liste d'attente.

4) Elles ont un processus de vente clair qui fixe des attentes réalistes.

5) Elles se concentrent sur une stratégie à long terme, et non sur des astuces à court terme.

6) Elles vous disent exactement ce qu'elles attendent de vous et comment elles en feront usage.

7) Elles proposent des réunions régulières et offrent plusieurs moyens de vous tenir au courant des progrès accomplis.

8) Elles vous font des mises à jour en termes simples et ont des moyens clairs de suivre les coûts par rapport aux résultats.

9) Leur offre est intéressante :

   - Résultat rêvé aligné sur ce que vous voulez

   - Elles donnent le nombre de clients similaires qu'ils ont aidés

   - Elles fournissent des délais clairs

   - Elles expliquent les efforts et les sacrifices qu'ils exigent de vous.

10) Elles sont chères. Toutes les bonnes agences sont chères… mais pas toutes les agences chères sont bonnes.

Exercice n°48 : Choisissez votre agence. Lorsqu'une agence répond à ces critères, elle mérite d'être considérée. Parlez-en à plusieurs avant de prendre une décision, même si elles acceptent d'emblée vos conditions. Comparez-les à l'aide de la liste de contrôle ci-dessus, puis choisissez celle qui vous convient le mieux.

Conclusion

Même s'il ne s'agit pas d'un modèle d'agence « traditionnel », les deux compagnies y gagnent. Elles reçoivent un client qu'elles n'auraient pas eu autrement. Et nous, nous obtenons une compétence permettant de gagner de l'argent à vie. C'est gagnant-gagnant.

Prochaines étapes :

1) Décidez si le recours à une agence est judicieux pour vous dans l'immédiat.

2) Parlez à un grand nombre d'agences pour vous faire une idée du marché. Ne soyez pas radin.

3) Utilisez le cadre contractuel que j'ai décrit.

4) Fixez un délai précis pour vous obliger (ainsi que votre équipe) à acquérir les compétences.

5) Travaillez avec les deux équipes jusqu'à ce que la vôtre batte régulièrement la leur.

6) Passez à une formule de consultation à tarif réduit jusqu'à ce que vous ayez l'impression que c'est vous qui leur apprenez et non plus eux qui vous apprennent… puis laissez-les partir.

Maintenant que nous avons défini comment tirer profit du monde à haut risque des agences, explorons la méthode qui m'a permis de gagner le plus d'argent. Nous recrutons une armée d'entreprises qui peuvent nous fournir encore plus de leads : *les affiliés.*

CADEAU : Ce qu'il faut rechercher dans une liste de contrôle d'agence

Si vous voulez connaître la meilleure façon de vous servir des agences, plutôt que d'être utilisé par elles, j'ai créé une formation gratuite pour vous. Vous pouvez la visionner gratuitement ici : Acquisition.com/training/leads. Vous y trouverez des fichiers d'analyse et d'autres éléments intéressants. Comme toujours, vous pouvez aussi scanner le code QR ci-contre pour ne pas avoir à taper l'adresse.

Nº4 Affiliés et Partenaires

« Rien ne fait des amis comme l'argent »

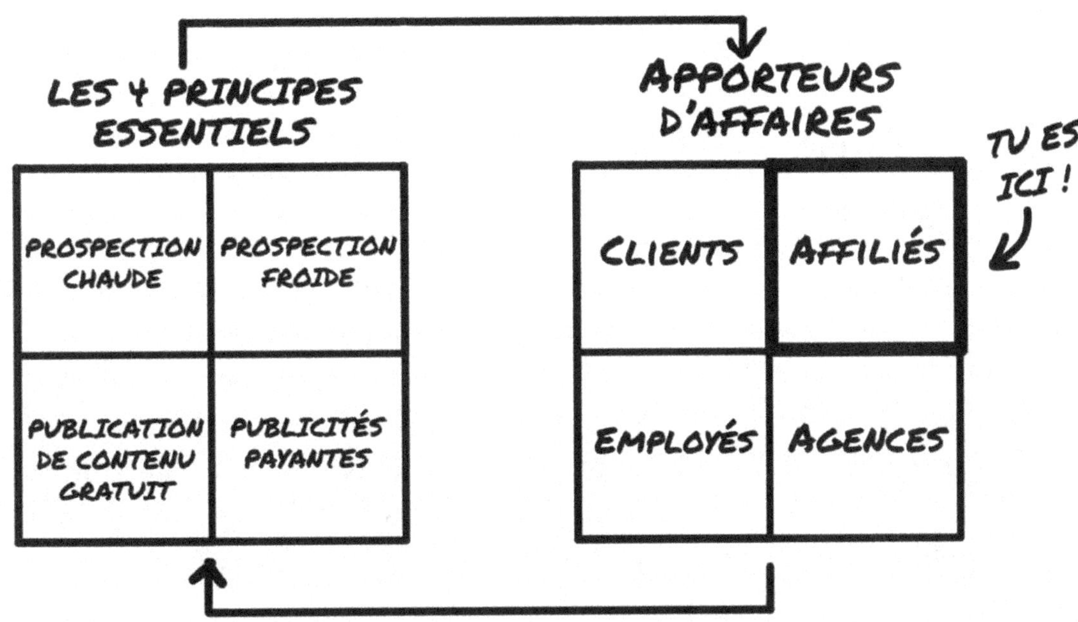

Comment fonctionnent les affiliés

Un **affilié** est un générateur de leads. Il s'agit d'une entreprise indépendante qui incite son public à acheter vos produits. Les affiliés semblent être des référents à l'extérieur, mais ils sont très différents sous le capot. Tout d'abord, ils ont leur propre entreprise et font leur propre publicité. Deuxièmement, ils acceptent de proposer vos produits à leurs leads engagés contre de l'argent, des produits gratuits, ou les deux.

Aujourd'hui, vous obtenez des affiliés en faisant de la publicité et en leur proposant des offres, *tout comme vous le feriez pour des clients*. Mais les affiliés exigent un type d'offre unique. Au lieu de proposer votre produit, vous proposez un moyen rapide, simple et facile de gagner des commissions en le promouvant. Et cela peut signifier littéralement des millions de prospects engagés pour votre entreprise. Les affiliés sont donc l'un des plus puissants générateurs de leads qui existent.

Pourquoi une armée d'affiliés ?

Chaque affilié ajoute un nouveau flux de leads et de clients. Ainsi, le recrutement, l'activation et l'intégration d'une armée d'affiliés entraînent rapidement une augmentation énorme de l'activité. C'est une bonne chose. C'est ce que nous voulons.

Comparez ces deux scénarios :

Scénario n° 1 : vous vendez à dix *clients* par mois pour une valeur de 10 000 dollars chacun. Votre entreprise plafonne à 100 000 dollars par mois. En douze mois, vous avez gagné 1,2 million. En supposant qu'il n'y ait pas d'autre publicité, votre activité *plafonne*. Faible rendement.

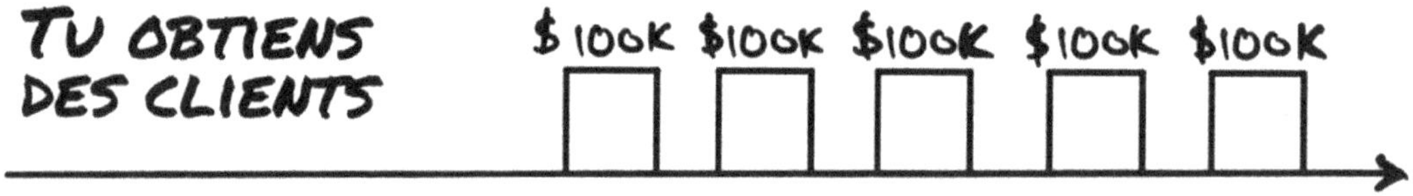

Scénario n° 2 : Pour le même effort, vous vendez à dix *affiliés* par mois. Chaque mois, ces affiliés vous apportent l'un de ces clients à 10 000 $. Maintenant, chaque mois, vous ajoutez un revenu supplémentaire de 100 000 dollars de revenus supplémentaires. En douze mois, vous avez gagné *7,8 millions*. Et par la suite, le chiffre d'affaires augmente *chaque mois*. Même travail, plus d'argent. Haut rendement.

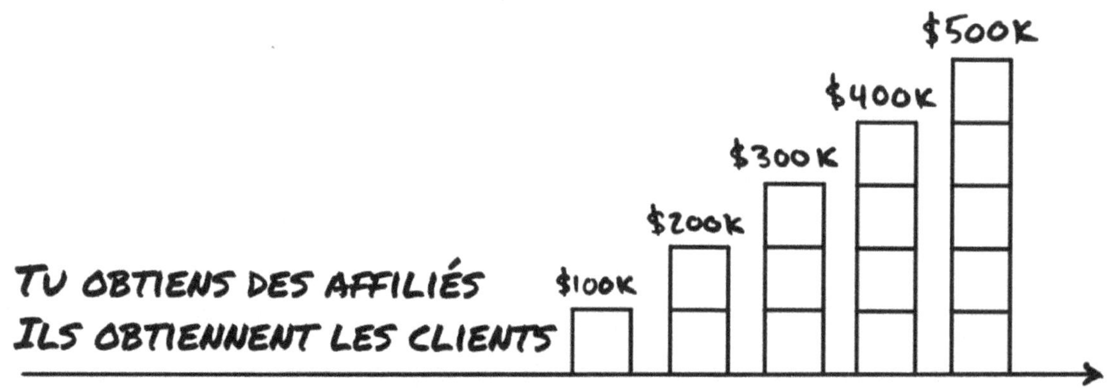

Comment créer une armée d'affiliés en six étapes

<u>Étape 1</u> : Trouvez vos affiliés idéaux

<u>Étape 2</u> : Faites-leur une offre

<u>Étape 3</u> : Qualifiez-les

<u>Étape 4</u> : Déterminez le montant de leur rémunération

<u>Étape 5</u> : Faites-les travailler dans la publicité

<u>Étape 6</u> : Gardez-les dans la publicité. C'est tout.

Lançons-nous dans l'aventure.

Étape 1 : Trouver l'affilié idéal

L'affilié idéal a une relation commerciale avec une audience chaleureuse où abondent les personnes correspondant à vos clients. Commencez à dresser une liste de ce type d'entreprises. Si aucune ne vous vient à l'esprit, répondez aux questions suivantes à propos de <u>vos meilleurs clients</u> :

Qu'achètent-ils ? → *Qui fournit ces produits ?*

Où vont-ils ? → *Quelles sont les entreprises présentes dans les zones environnantes ?*

Qu'est-ce qu'ils aiment faire ? → *Qui fournit ces services ?*

Si la vente est directe au consommateur, les employeurs de vos consommateurs pourraient être d'excellents affiliés :

Pour quels types d'entreprises travaillent-ils ? Quels types d'emplois ont-ils ?

En un mot... Qui a mes clients potentiels ?

Exercice n°49 : Faites une feuille avec chacune de ces questions et catégories. Cette liste devrait prendre quelques pages. Faites des recherches en ligne pour la compléter. Si vous avez des difficultés, appelez vos clients et demandez-leur ! <u>Résultat final</u> : Créez une liste de leads des affiliés potentiels les plus intéressants.

Étape 2 : Leur faire une offre

Nous faisons l'offre aux affiliés et la promouvons de la même manière que toute autre offre. Nous appelons notre public, montrons nos éléments de valeur, puis nous les incitons à agir. Puisque les affiliés sont des entreprises, ou qu'ils lancent une entreprise en s'inscrivant, nous leur offrons une nouvelle façon de gagner de l'argent.

Call out :

Les appels aux affiliés potentiels comprennent souvent les éléments suivants :

- Les propres chefs d'entreprises affiliées - *ATTENTION PROPRIÉTAIRES DE SPA*

- Les clients de l'affilié - *Travaillez-vous avec des professionnels très occupés qui passent toute la journée en réunion ?*

- Les résultats promis par les entreprises affiliées - *Aux héros qui soignent le stress des autres...*

- Produits et services fournis par les affiliés - *Si vous vendez des lotions ou des huiles parfumées, ceci est pour vous...*

- À nos propres clients - *Connaissez-vous quelqu'un qui est propriétaire d'un spa ?*

Maintenant que nous pouvons attirer l'attention d'un affilié potentiel, faisons que cela en vaille la peine...

Exercice n°50 : Choisissez votre call out et remplissez les champs ci-dessous pour compléter votre offre.

Gagnez plus d'argent avec votre clientèle actuelle et attirez plus de leads qu'avec votre offre actuelle **(résultat rêvé)**.

____

....avec une forte probabilité de succès puisque vos clients veulent déjà le produit **(probabilité perçue de réussite)**

____

...sans avoir besoin de créer, de livrer ou d'assurer le service après-vente du produit vous-même **(efforts et sacrifices)**

____

*.... afin que vous puissiez commencer à le vendre demain (**délai**).*

Étape 3 : Les qualifier

Les affiliés potentiels deviennent des affiliés réels lorsqu'ils comprennent et acceptent vos conditions. Nous voulons qu'ils atteignent leur premier résultat le plus rapidement possible, nous configurons donc nos conditions de sorte qu'ils soient obligés de gagner rapidement.

Pour ce faire, je les incite à investir leur temps, leur argent et sur le produit lui-même. Voici deux moyens d'amener les affiliés à s'investir et à gagner :

Méthode n° 1 - Faites-en des clients : Il faut qu'ils achètent et, de préférence, utilisent le produit pour conserver leur statut d'affilié. Plus un affilié investit dans votre produit, plus il gagne de l'argent.

Méthode n°2 - Faites-en des experts : faites-leur payer les frais d'onboarding et de formation qui les certifient en tant qu'experts du produit. Cela couvre certains frais de publicité et me permet d'offrir à chaque affilié une formation et un accompagnement adéquats.

Combien faut-il facturer ? Je recommande 10 à 20 % de ce que l'affilié <u>actif</u> moyen gagne au cours des douze premiers mois. Cela suffit pour qu'ils s'investissent, mais pas assez pour les effrayer.

Pour conclure : Faites de vos affiliés des clients, des experts ou les deux (ma méthode préférée). Si vous n'obtenez pas assez de participants au départ, réduisez l'engagement. Si vous n'en avez pas assez pour aller jusqu'au bout, augmentez-le.

Étape 4 : Déterminer comment les rémunérer

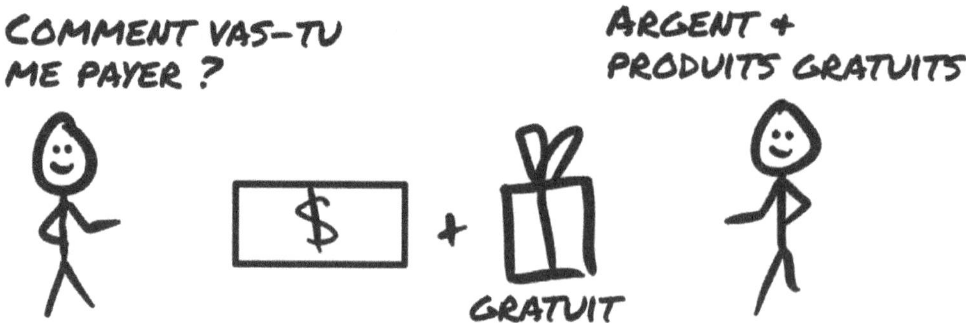

Le premier problème à résoudre avec les affiliés est de les amener à s'engager. Le deuxième problème est de *les maintenir engagés*, ce qui dépend de la façon dont vous les récompensez. Lorsque je réfléchis à la manière de rémunérer les affiliés, je considère deux aspects de base : ce pour quoi ils sont payés et combien ils sont payés.

1 . **Ce pour quoi ils sont payés :** Je rémunère les affiliés pour de nouveaux clients et pour des clients réguliers. Vous pouvez également les rémunérer pour les étapes qui précèdent l'acquisition d'un client, comme le nombre de leads magnets téléchargés ou les rendez-vous fixés.

2 . **Combien ils sont payés :** Je suggère de payer les affiliés sur la base de votre coût maximum d'acquisition d'un client (CAC). Je recommande une structure de paiement à trois niveaux :

- Niveau 1 : 25% du CAC pour toute personne acceptant les conditions initiales

- Niveau 2 : 50% du CAC une fois qu'ils sont activés

- Niveau 3 : 100% du CAC une fois qu'ils ont atteint un certain niveau de performance.

Cette méthode par paliers a un effet secondaire bénéfique caché : le paiement moyen est bien inférieur à votre CAC maximum autorisé, ce qui laisse un bénéfice « restant » pour des concours, de la publicité ou des récompenses pour les étoiles montantes.

Exercice n°51 : Déterminez quelle est la rémunération que vous voulez offrir à vos affiliés.

Ce pour quoi ils sont payés : ____

Combien ils sont payés au niveau 1 : _______________________________

Combien ils sont payés au niveau 2 : _______________________________

Combien ils sont payés au niveau 3 : _______________________________

À quelle fréquence ils sont payés (chaque semaine, toutes les deux semaines, chaque

mois). ____

____

Étape 5 : Leur confier la Publicité - Lancement

Tout comme les personnes qui vous recommandent, la valeur que les affiliés obtiennent de vous détermine la quantité de publicité qu'ils font pour votre produit. Traitez-les donc comme des clients. Donnez-leur quelque chose de bon, rapidement. Rien de tel pour les affiliés que de grands lancements et beaucoup d'argent.

Les lancements fonctionnent en demandant aux affiliés de faire de la publicité pour votre lead magnet ou votre offre principale à leur audience avant que les gens ne puissent l'acheter. J'utilise la méthode chuchoter-teaser-crier pour les lancements (de toutes sortes, pas seulement pour les affiliés) :

<u>Chuchoter</u> : *Pensez aux « Call Outs ».* Comme pour une publicité, la clé de la phase de chuchotement est la *curiosité*. Maintenez le mystère sur le produit lui-même et faites des allusions à l'importance de l'affaire. Commencez à chuchoter toutes les quatre à six semaines jusqu'à ce que vous atteigniez soixante jours. Ensuite, chuchotez toutes les deux ou trois semaines jusqu'à ce que vous atteigniez trente jours. Ensuite, commencez à faire du teasing...

Teasing : *Pensez aux « éléments de valeur ».* Il est temps de commencer à apaiser la curiosité que vous avez suscitée pendant la phase de chuchotement. Dévoilez votre produit, rendez publique la date du lancement et commencez à montrer les éléments de valeur. Utilisez le cadre « Quoi-Quoi-Quand » du chapitre sur les annonces payantes. Commencez à faire du teasing une fois par semaine jusqu'à quatorze jours avant le lancement. Puis deux fois par semaine jusqu'à trois jours avant le lancement. Trois jours plus tard, il est temps de crier sur les toits.

Crier : *Pensez à « appel à l'action » (CTA).* Donnez au public des actions spécifiques à entreprendre lors du lancement du produit. Maintenant, vous commencez à marteler le public avec des bonus, de la rareté, de l'urgence et des garanties sur le fait d'être « les premiers ». Vous criez pour que le plus grand nombre possible de personnes soient exposées à votre offre. Criez au moins deux fois par jour à partir de trois jours. Le jour J, commencez à crier à quelques heures d'intervalle, jusqu'à deux heures avant le lancement. Ensuite, criez toutes les trente minutes jusqu'à ce que vous lanciez le produit.

Pour conclure : Préparez vos affiliés au lancement. Mettez à leur disposition tout ce dont ils ont besoin pour bien faire le chuchotement, le teasing et le cri. Ils se chargent de la publicité. Vous obtenez les clients potentiels. Tout le monde est payé.

Étape 6 : Maintenez-les à faire de la publicité

La stratégie que nous utilisons pour que les affiliés commencent à faire de la publicité diffère de celle que nous utilisons pour qu'ils continuent à faire de la publicité. Dans un monde idéal, vous concluez un contrat avec un affilié une fois et il vous fournira des leads engagés à vie. L'intégration nous permet d'y parvenir.

Je vous propose trois façons d'intégrer votre produit à leur offre. Premièrement, vous pouvez leur demander d'*offrir gratuitement votre lead magnet* à chaque achat de leur produit. Deuxièmement, vous pouvez leur demander de *vendre séparément votre lead magnet* à leur public. Troisièmement, vous pouvez les amener à *vendre directement votre offre principale*. Voici l'ordre dans lequel j'ai procédé, du plus facile au plus difficile :

1 . Les affiliés offrent gratuitement votre lead magnet lorsque quelqu'un achète leurs produits. L'idée ici est que votre lead magnet rende l'offre de l'affilié plus précieuse, lui permettant de la facturer plus cher et d'obtenir plus de leads que s'il ne l'avait pas fait. Les meilleurs lead magnets offrent un essai gratuit ou un échantillon de votre produit, révèlent un problème ou proposent une seule étape d'une solution en plusieurs étapes. Par exemple, si je vends des massages, je recrute le studio d'entraînement personnel d'à côté comme affilié.

Tous ceux qui achètent un entraînement personnel chez eux reçoivent un massage gratuit de ma part, ce qui renforce leur offre et nous permet d'obtenir plus de leads.

2 . Les affiliés vendent votre lead magnet : En principe, l'affilié peut vendre n'importe lequel de vos produits qui transforme ses clients en vos clients. Il peut s'agir d'un livre, d'un événement, d'un service, d'un logiciel, d'un échantillon de produit, etc. En donnant aux affiliés tout l'argent provenant de la vente d'un lead magnet que vous menez à bien, cela devient du profit et pas de travail pour eux. Votre argent provient de la vente de votre produit principal pour un montant supérieur au coût de la livraison de votre lead magnet. Par exemple, les gymnases vendraient une consultation nutritionnelle avec nous et conserveraient l'argent, et nous vendrions nos produits pendant la consultation.

3 . Les affiliés vendent votre offre principale : Un affilié vend votre offre principale directement à ses clients et ajoute une autre source de revenus sans travail supplémentaire. Pour certains affiliés, il s'agit de leur seule source de revenus. De nombreuses entreprises proposent cette structure comme une nouvelle opportunité commerciale ou comme un complément à l'activité existante de l'affilié. De cette manière, l'affilié obtient un pourcentage plus élevé de votre bénéfice brut à vie (LTGP). Par exemple, il vend l'ensemble de votre formule de massage ou l'ensemble de votre programme ou de vos services, et vous partagez l'argent.

Après l'avoir testée, nous continuons à appliquer la stratégie 1 (deux fois par ans comme un grand événement) et la stratégie 3 sur une base continue. De nombreuses entreprises similaires de notre portefeuille utilisent la stratégie 2. L'intégration est la stratégie à long terme pour se servir des affiliés pour obtenir un flux de leads durable. Traitez les affiliés comme des clients. Faites en sorte que votre offre soit pertinente pour leur entreprise et qu'elle soit si intéressante qu'ils se sentiraient stupides de la refuser.

Exercice n°52 : Intégration complète avec votre affilié. Choisissez ce que vous souhaitez qu'ils fassent :

- ☐ Offrir votre lead magnet.

- ☐ Vendre votre lead magnet.

- ☐ Vendre directement votre offre principale.

Coûts et retours

Lorsque l'on fait le calcul des retours avec d'autres méthodes, on compare le bénéfice brut sur la durée de vie (LTGP) avec le coût d'acquisition d'un client (CAC). Dans le cas des affiliés, nous dépensons de l'argent pour les acquérir et le retour provient des clients qu'ils nous apportent. Pour calculer le retour sur investissement, nous comparons le coût d'acquisition d'un affilié à la marge brute de tous les clients qu'il nous apporte.

Nous visons un ratio d'au moins 3:1 et, pour l'améliorer, nous pouvons réduire le CAC, augmenter le LTGP, ou les deux. Les affiliés sont des partenaires qui font la promotion de vos produits pour un intérêt mutuel ; traitez-les donc comme des clients et offrez-leur une valeur supérieure à ce qu'ils coûtent.

Conclusion

Il existe deux façons de créer une entreprise à croissance exponentielle. Vous pouvez soit trouver davantage de personnes qui ne cessent d'acheter vos produits, soit trouver davantage de personnes qui ne cessent de les vendre pour vous. Les recommandations sont le moyen classique. Les affiliés représentent l'échelle.

Faites de la publicité pour votre offre d'affiliation jusqu'à ce que vous ayez entre dix et vingt affiliés. Obtenez des résultats avec ces affiliés et utilisez leur feedback pour peaufiner votre offre, vos conditions, vos lancements et votre stratégie d'intégration. Ensuite, développez votre business comme un fou en convertissant leurs résultats en votre premier lot de lead magnets pour affiliés.

CADEAU : BONUS Formez votre armée d'affiliés

Comme vous pouvez le constater, je suis un grand fan de la création de programmes d'affiliation lorsqu'ils sont bien conçus. Pour vous aider à bien faire les choses dès votre premier essai, j'ai créé une formation vidéo approfondie. Vous pouvez l'obtenir gratuitement ici : Acquisition.com/training/leads. Et comme à chaque fois, vous pouvez aussi scanner le code QR ci-joint pour ne pas avoir à taper l'adresse.

Conclusion de la Section IV : Obtenir des générateurs de leads

*« La dernière compétence à acquérir est la capacité à ce que les autres
fassent à votre place tout ce dont vous avez besoin ».*

Nous utilisons les quatre piliers pour obtenir des leads engagés : la prospection à chaud, la publication de contenu, la prospection à froid et les annonces payantes. Et nous les utilisons pour obtenir deux types de leads engagés : ceux qui deviennent des clients, ou ceux que nous transformons en générateurs de leads. Les générateurs de leads sont de quatre types : les recommandeurs, les employés, les agences et les affiliés. Chacun d'entre eux possède des atouts majeurs :

- Les recommandations des clients constituent le plus grand potentiel de croissance exponentielle à faible coût.

- Les employés reçoivent une influence directe de votre part et gèrent votre entreprise en votre nom.

- Les agences transmettent des compétences que l'on garde pour toujours et que l'on peut transférer à son équipe.

- Les affiliés, une fois que vous les avez fait démarrer, peuvent opérer de façon autonome.

Vous pouvez vous occuper de la publicité ou d'autres personnes peuvent le faire. Et les « autres » sont plus nombreux que vous. *Le travail que vous effectuez vous rapporte plus de clients potentiels lorsque vous êtes aidé.* Donc, si vous voulez obtenir une tonne de leads, voilà la solution.

Nous avons abordé beaucoup de choses ici. Cette section traite de la façon de passer à l'échelle : vous recrutez d'autres personnes pour vous aider. Ils sont le chaînon manquant. Chacun a sa propre stratégie et ses propres pratiques. Appliquez ce qui vous convient le mieux en ce moment.

Cela nous amène à la section V : Démarrer. Je veux tout organiser pour que vous sachiez *exactement ce qu'il faut faire par la suite.* Ensemble, nous éliminerons à jamais le goulot d'étranglement que représentent les leads pour votre activité. En route !

SECTION V : DÉMARRER

« Ce n'est pas la fin. Ce n'est même pas le début de la fin. Mais c'est peut-être la fin du début ». – Winston Churchill

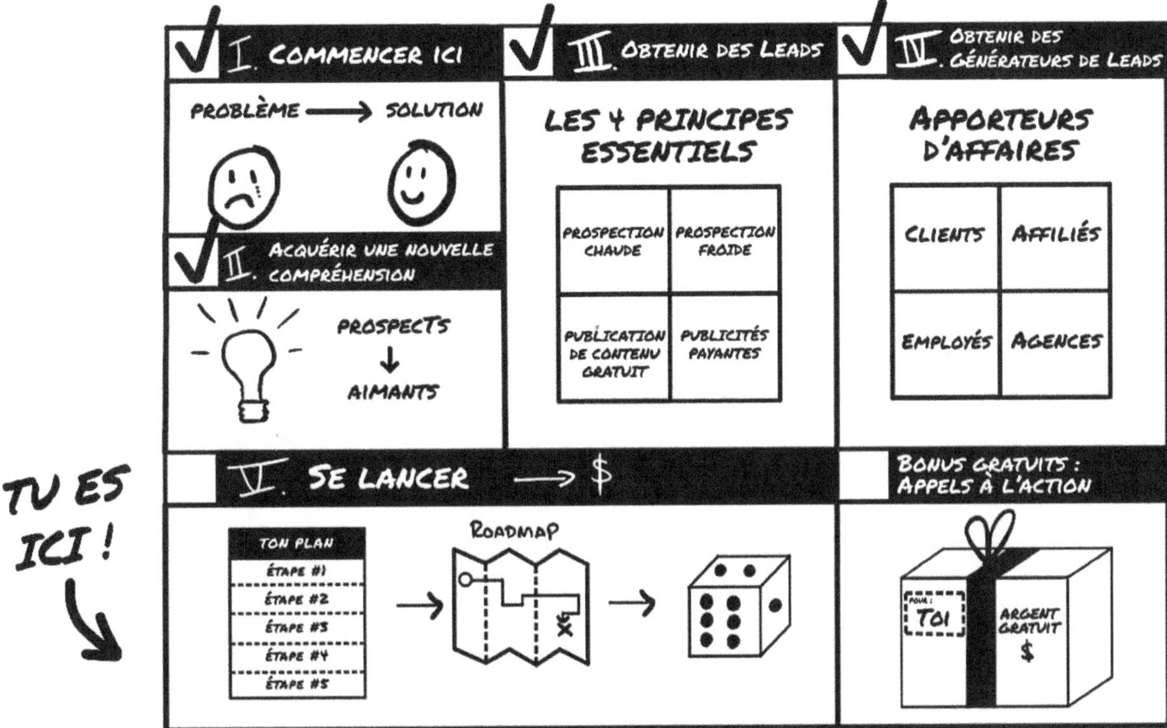

Esquisse de la section « Démarrer »

Cette dernière section comporte trois chapitres. Ils sont brefs et doux, à l'image du temps que nous avons passé ensemble.

Dans le premier chapitre, « La publicité dans la vraie vie », j'exposerai ma grande règle en matière de publicité. Puis, je vous présenterai mon plan publicitaire personnel d'une page que vous pourrez utiliser pour obtenir plus de leads engagés, *dès aujourd'hui*.

Dans le chapitre suivant, « Rassembler tous les éléments », j'exposerai la feuille de route qui vous permettra de passer de vos quelques premiers leads à votre machine à *100 millions de dollars de leads*.

Enfin, dans le chapitre « Une décennie en une page », je présenterai tout ce que nous avons appris sous forme de points pour montrer tout le chemin que nous avons parcouru ensemble. Puis, pour vous mettre sur la voie, je partagerai une parabole qui m'a permis de traverser les moments les plus difficiles.

La publicité dans la vraie vie : Ouvert à l'objectif

Si un peu c'est bien, plus c'est mieux.

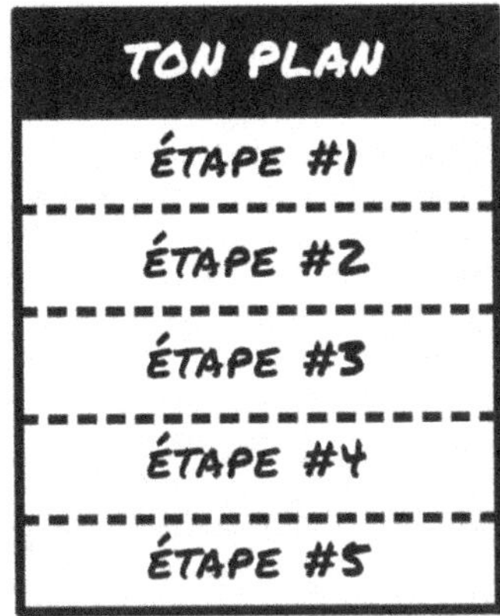

La règle des 100 en mode stéroïdes - Ouvert à l'objectif

Une chaîne de salles de sport réputée a permis à ses directeurs commerciaux de fixer leur propre emploi du temps avec l'obligation de recruter cinq nouveaux membres par jour, quel que soit le temps nécessaire. J'ai constaté que cette approche « ouverte à l'objectif » était courante chez les entrepreneurs et les vendeurs d'élite. Elle met l'accent sur les résultats plutôt que sur les efforts. Elle s'apparente à la règle des 100, mais en plus avancé. Vous travaillez jusqu'à ce que vous obteniez des résultats spécifiques, ce qui débloque de nouveaux niveaux d'effort. Pour améliorer votre publicité, travaillez jusqu'à ce que le travail soit terminé et concentrez-vous sur ce qui est nécessaire, sans vous contenter de faire de votre mieux. Parfois, votre « meilleur » doit être amélioré.

Comment je mets en œuvre le système « Ouvert à l'objectif » pour moi-même

Si je devais choisir les trois habitudes qui m'ont le mieux servi dans ma vie, ce serait les suivantes :

1) <u>Se lever tôt (4-5 AM)</u> - Conseil de pro, cela signifie en fait qu'il faut se coucher tôt...

2) <u>Se mettre directement au travail</u> - Pas de rituels. Pas de routine. Je bois un café et je me mets au travail.

3) <u>Pas de réunions avant midi</u> - Pas d'interruptions. Rien. Concentration absolue pendant le temps de travail.

Je ne crois pas qu'il y ait de magie dans le fait de se lever tôt, mais il y a de la magie dans le fait d'avoir une longue période de travail ininterrompu juste après un sommeil ininterrompu. Ce sont les heures les plus productives de ma journée, où rien ne vient entraver mon travail. En me fixant un objectif quotidien et en me concentrant d'abord sur mon travail, j'ai découvert que le fait de me lever tôt et de travailler pendant 8 heures d'affilée était mon habitude à plus haut rendement. Si vous essayez cela, j'espère que ce sera aussi bénéfique pour vous que pour moi. Si l'idée de travailler plus de douze heures par jour vous effraie, commencez par moins d'heures et augmentez progressivement. Certains jours, c'est difficile, mais j'aime toujours me le rappeler :

« Faites plus qu'eux et vous aurez plus qu'eux. »

Comme mon travail consiste généralement à « obtenir plus de clients » dans la plupart de mes entreprises, je me concentre sur la publicité. Ce livre, par exemple, a été écrit exclusivement dans ce cadre de temps ouvert à l'objectif.

Donc, si vous voulez suivre mon paquet d'habitudes à haut rendement, vous aurez besoin d'un plan d'action clair pour cette période de temps. Voici le plan publicitaire le plus simple que je puisse vous donner.

Liste de contrôle de la publicité en une page

Étape 1 : Choisissez le type de lead engagé que vous ciblez : Clients, Affiliés, Employés ou Agences

Étape 2 : Choisissez la règle des 100 ou ouverte à l'objectif. Engagez-vous dans vos actions publicitaires quotidiennes.

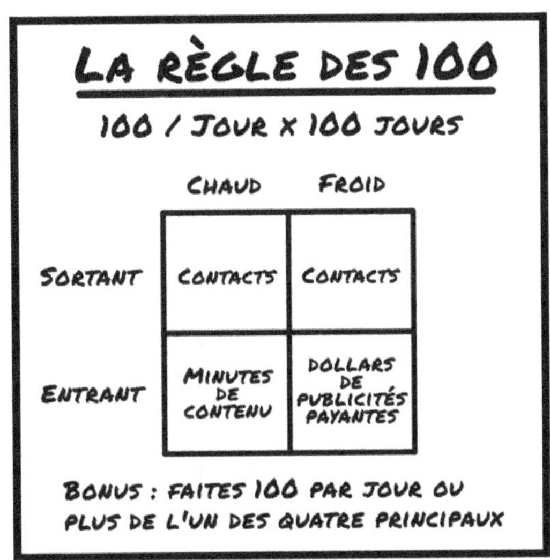

Étape 3 : Remplir la liste de contrôle publicitaire pour cette action quotidienne

Liste de contrôle quotidienne de la publicité	
Qui :	Vous
Quoi :	Votre offre ou votre lead magnet
Où :	Plateforme
À qui :	Public/Liste
Quand :	Les premières 8 heures
Pourquoi :	Obtenir X leads engagés ou générateurs de leads
Comment :	Prospection à chaud/à froid, contenu, publicités
Combien ?	100 ou jusqu'à ce que votre objectif soit atteint
Combien ?	Nombre de suites / Nombre de re-ciblages
Combien de temps :	100 ou jusqu'à ce que votre objectif soit atteint

Étape n° 4 : Exécutez cette action quotidienne jusqu'à ce que vous ayez l'argent nécessaire pour payer quelqu'un pour le faire.

Étape n° 5 : Lorsque ce sera fait, revenez à l'étape 1. Ciblez les employés comme nouveau type de leads. Répétez les étapes 1 à 4 jusqu'à ce que vous disposiez de l'aide dont vous avez besoin. Ensuite, augmentez encore la taille du business.

Conclusion

Nous arrivons presque à la fin. Mais vous n'avez plus de leads. Que se passe-t-il ? Réponse : Ce n'est pas en lisant que les gens s'intéresseront à ce que vous vendez, c'est *en faisant de la publicité*. Si vous ne parlez à personne de ce que vous vendez, alors vous n'intéressez personne à ce que vous vendez. Point final.

Ce chapitre présente le plan de publicité de la manière la plus simple possible :

- Travaillez de façon « ouverte à l'objectif ».

- Structurez votre journée de manière à rendre possible la méthode « ouvert à l'objectif ».

- Créez cet objectif *et* engagez-vous à le réaliser à l'aide de la liste de contrôle publicitaire en une page.

Exploitez l'énergie que vous procure la présentation de vos étapes d'action *sur une seule page.* Cela laisse peu de place aux excuses, aux distractions et aux illusions. Soit vous avez fait ce qu'il fallait, soit vous ne l'avez pas fait. Vous pouvez remplir votre liste de contrôle publicitaire sur une page en cinq minutes environ. Et une fois que la vérité toute nue s'impose à vous, il ne vous reste plus qu'à *passer à l'action.*

CADEAU GRATUIT : Liste de contrôle publicitaire à télécharger

Vous pouvez visionner un complément de formation et télécharger cette liste de contrôle à remplir vous-même sur le site Acquisition.com/training/leads. Comme à chaque fois, vous pouvez également scanner le code QR ci-contre si vous pour ne pas avoir à taper l'adresse.

La feuille de route - Rassembler tous les éléments

De zéro à 100 000 000

*« Un leader doit viser haut, voir grand, juger sagement, se démarquant
ainsi des gens ordinaires qui débattent dans des limites étroites. »*
— Charles de Gaulle, président français pendant la Seconde Guerre mondiale

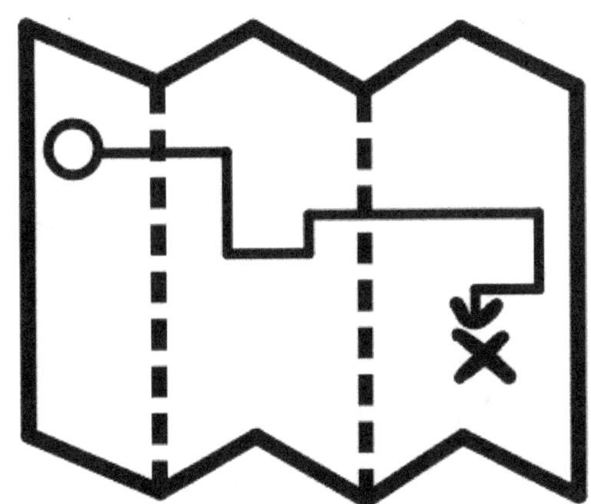

Pour arriver là où vous voulez aller, il est utile de savoir ce qui se profile à l'horizon. Dans ce chapitre, je décris donc les phases que vous allez traverser au fil de la progression de votre publicité. Acquisition.com utilise cette feuille de route pour faire progresser les entreprises de son portefeuille de quelques millions de dollars par an à plus de 100 000 000 de dollars. Ces étapes vous aideront à identifier où vous vous situez sur le totem de la publicité afin que vous sachiez quoi faire pour passer à l'étape suivante.

Niveau 1 : *Vos amis connaissent les produits que vous vendez.* Pour commencer à obtenir des leads engagés, vous présentez une offre, à un avatar, sur une plateforme. C'est à partir du moment où vous obtenez des leads engagés que vous pouvez commencer à gagner de l'argent. Pour ma part, j'ai commencé par contacter toutes les personnes que je connaissais.

<u>Action primaire</u> : Prospection chaleureuse.

Niveau 2 : *Vous informez systématiquement toutes les personnes que vous connaissez sur les produits que vous vendez.* Vous disposez des données exactes pour obtenir un lead engagé avec la méthode de publicité que vous avez retenue. Et en augmentant ces données, vous obtenez des clients réguliers. Mais les clients réguliers proviennent de l'optimisation de votre capacité de travail personnelle.

                    157

En ce qui me concerne, en plus des contacts chaleureux, j'ai maximisé ma capacité de travail personnelle au moyen des aides payantes, en utilisant une étude de cas comme lead magnet. Mais avec du recul, je regrette de ne pas avoir commencé par publier du contenu gratuit. Voilà donc ce que je suggère.

Actions primaires : Faites un maximum de prospection chaleureuse et publiez autant de contenu que vous le pouvez *de manière systématique.*

Niveau 3 : Vous embauchez des employés pour vous aider à faire davantage de publicité. Vous avez atteint le plafond de vos inputs personnels en matière de publicité, mais pas celui de la plateforme. Et si vous voulez plus de leads engagés, cela ne peut signifier qu'une chose : en faire plus. Pour ma part, j'ai engagé un vidéaste et un acheteur média pour me décharger de la plupart des tâches liées aux publicités payantes.

Action primaire : Vous engagez des personnes pour faire de la publicité rentable en votre nom.

Niveau 4 : *Votre produit est suffisamment bon pour générer des recommandations régulières.* Vous continuez à développer la bienveillance et cherchez à obtenir 25 % ou plus de vos clients par le biais de recommandations. Vous êtes maintenant en position d'augmenter à nouveau votre publicité. Mais pour que ça marche, vous devez considérer plus sérieusement l'embauche d'une équipe pour y parvenir.

À cette étape, je me suis rendu compte que mes publicités étaient désactivées, mais que je continuais à recevoir des recommandations chaque semaine. J'ai donc redoublé d'efforts dans ce domaine. J'ai développé la bonne volonté en utilisant les commentaires des clients pour mettre à jour mon produit toutes les deux semaines. Parallèlement, j'ai mis en place un programme de recommandation solide, assorti de primes importantes.

Actions primaires : Concentrez-vous sur votre produit jusqu'à ce que vous obteniez des recommandations régulières, puis recommencez à renforcer votre publicité avec une équipe plus importante. C'est là que la plupart des gens se trompent. Ils laissent déraper leur produit et ne s'en remettent jamais.

Niveau 5 : *Vous faites de la publicité dans plus d'endroits, de plus de manières et avec plus de personnes.* Tout d'abord, vous élargissez votre audience sur votre meilleure plateforme. Puis, vous créez des publicités avec tous les placements et formats de médias que la plateforme admet. Et, une fois que votre équipe a obtenu des résultats consistants, vous élargissez encore votre équipe pour ajouter : *une autre plateforme, générateur de leads ou activités des quatre piliers.*

Pour ma part, j'ai fait d'une pierre deux coups. J'ai élargi mes annonces payantes pour y inclure des affiliés potentiels. Et cela a ouvert la voie à mes programmes d'affiliation.

<u>Action primaire</u> : Faire de la publicité rentable en utilisant au moins deux méthodes sur plusieurs plateformes.

Niveau 6 : *Vous embauchez des tueurs.* Vos cadres développent sans vous des départements spécifiques à une méthode ou à une plateforme publicitaire. Et vous n'êtes pas à la recherche d'un potentiel. Vous recherchez des leaders expérimentés spécialisés dans ce que vous voulez exactement. Nous plafonnons ici.

Il m'a fallu trois ans pour comprendre deux choses. D'une part, j'avais besoin de cadres chevronnés dont l'expérience collait à mes problèmes. Et deuxièmement, qu'ils avaient besoin d'incitations plus fortes. Mais le temps que je comprenne cela, j'ai vendu ces entreprises. Une fois que j'ai démarré Acquisition.com, j'ai compris les avantages d'élargir le gâteau pour que davantage de personnes compétentes s'investissent dans la réussite de l'entreprise. C'est ainsi que nous avons franchi le cap des 100 millions de dollars, puis des 200 millions de dollars de chiffre d'affaires du portefeuille et au-delà.

<u>Action primaire</u> : Faire prendre en charge de nouvelles activités et de nouveaux canaux publicitaires par des cadres et des chefs de service aguerris.

Niveau 7 : Je reviendrai éditer ce chapitre lorsque j'aurai franchi le cap du milliard. Je vous promets, et je partagerai les apprentissages dès que je les aurai reçus. Vous avez ma parole.

<u>Derniers points</u> : Je sais que ça a l'air clair. Mais ce n'est jamais le cas. Le vrai business est *embrouillé.* Cela prend *beaucoup* de temps pour trouver les publics, les lead magnets, les méthodes et les plateformes qui fonctionnent le mieux. Et vous ne pouvez découvrir ce qui fonctionne que si vous l'essayez. Il faut donc tester beaucoup de choses différentes, des tas de manières différentes, pendant assez longtemps pour être sûr de ce que l'on fait.

Personne ne peut jamais savoir quelle est la meilleure chose à faire. Mais ce que je sais, c'est que plus on fait de publicité, plus de gens découvrent les produits que l'on vend. Plus il y a de gens qui connaissent ce que vous vendez, plus il y a de gens qui l'achètent. C'est la clé de la machine à *$100M de leads.*

 159

La machine à $100M+ de leads

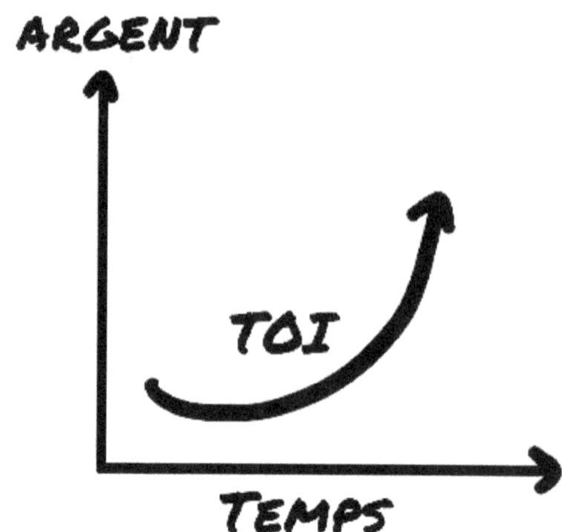

Voyons ce que vous réserve l'avenir. Votre entreprise réalise un chiffre d'affaires annuel de plus de 100 000 000 $. Il est formidable d'avoir une idée claire de ce à quoi ressemble la machine à 100 millions de dollars. Jetons un coup d'œil, voulez-vous ?

Tout d'abord, votre publicité fonctionne à plein régime...

- Votre équipe média diffuse des tonnes de contenu gratuit, dans tous les types de médias, sur de nombreuses plateformes.

- Vous faites régulièrement des offres à votre public chaleureux pour obtenir plus de clients ou d'affiliés.

- Votre audience vorace *rend rentable instantanément tout ce que vous lancez.*

- Vous avez des équipes qui gèrent et mettent à l'échelle des publicités payantes rentables sur de multiples plateformes.

- Votre équipe de prospection à froid vous apporte plus de clients.

- Vous avez un responsable des affiliés qui lance et intègre tous les nouveaux affiliés.

- Vous avez des recruteurs et des agences de recrutement qui vous amènent d'autres générateurs de leads.

- Votre produit est tellement bon qu'un tiers de vos clients vous apportent de nouveaux clients.

- Votre équipe exécutive est le moteur de cette croissance sans que vous ayez à vous en occuper.

- Et... *vous avez plus de leads engagés que vous ne pouvez en gérer.*

Cela prend entre cinq et dix ans. Construire quelque chose de grand, même si l'on sait exactement ce qu'il faut faire, prend du temps. Il nous a fallu, à ma femme et à moi, plus de dix ans d'effort acharné pour franchir le cap des 100 millions de dollars de valeur nette. Par conséquent, plus vos objectifs sont ambitieux, plus votre horizon temporel doit être long. Vous souhaitez jouer à des jeux où, si vous attendez, vous gagnez.

L'entrepreneuriat n'est pas pour
les âmes sensibles
La charge est lourde et la route
est longue

CADEAU : TUTORIAL BONUS - Passer de 0 à 100 millions de dollars et plus

Il est parfois utile d'entendre un récit sur le déroulement de Il est parfois utile d'entendre le récit qui décrit chaque étape. Si vous savez ce qui vient ensuite, vous pouvez commencer à vous y préparer dès aujourd'hui. J'ai enregistré un tutoriel gratuit pour vous aider à identifier où vous en êtes et ce qui va suivre pour que vous puissiez réussir. Vous pouvez obtenir ce tutoriel gratuitement sur, vous l'avez deviné, Acquisition.com/training/leads. Et comme toujours, vous pouvez aussi scanner le code QR ci-contre pour ne pas avoir à taper l'adresse.

Une décennie en une page

« La simplicité est le summum de la sophistication » - Léonard de Vinci

Nous avons abordé pas mal de choses. Et je pense que le fait d'organiser ce que nous avons appris en un seul endroit permet de mieux l'assimiler. J'ai donc dressé cette liste « au dos de la serviette » de ce que nous avons abordé et pourquoi.

1) Comment définir un lead à partir de maintenant. Vous savez maintenant ce que vous recherchez : des leads engagés, et pas seulement des leads.

2) Comment convertir les leads en leads engagés à l'aide d'une offre ou d'un lead magnet. Et comment les créer.

3) *Les quatre piliers* - les quatre seules façons de faire connaître aux gens les produits que nous vendons.

   a) Comment atteindre les personnes qui nous connaissent : *demandez-leur si elles connaissent quelqu'un.*

   b) Comment afficher publiquement : *accrocher, retenir, récompenser. Donner jusqu'à ce qu'ils vous demandent.*

   c) Comment atteindre des inconnus : *listes, personnalisation, grande valeur rapide, volume.*

   d) Comment diffuser des publicités payantes auprès d'inconnus : *ciblage, callouts, Quoi-Qui-Quand, CTAs, acquisition financée par le client.*

4) Maximiser les quatre piliers : *Plus Mieux Nouveau*

   a) Qu'est-ce qui nous empêche de faire ce que nous faisons actuellement à un volume dix fois supérieur ? Il faut alors résoudre ce problème.

   b) Trouver la contrainte dans notre publicité. Puis tester jusqu'à ce que la contrainte soit libérée. En faire plus jusqu'à ce qu'il y ait à nouveau une contrainte.

5) Les quatre générateurs de leads : *Les clients, les employés, les agences et les affiliés*

   a) Comment inciter les clients à recommander d'autres clients

   b) Comment amener les employés à faire croître votre publicité sans vous ?

  163

    c) Comment faire pour qu'une agence vous apprenne de nouvelles compétences ?

    d) Comment avoir des affiliés actifs et intégrés

6) La publicité dans le monde réel : *La règle des 100 et Ouvert à l'objectif*

    a) Le plan publicitaire en cinq étapes et en une page permet d'obtenir plus de leads *dès aujourd'hu*i.

7) Les sept niveaux de publicité et la machine à *100 millions de dollars de leads* en action.

Comme je l'ai promis au début, le résultat de ces actions est d'obtenir plus de leads engagés, meilleurs, moins chers et fiables. J'espère que ce livre vous aura été utile. J'espère qu'à la suite de cette lecture, vous saurez comment obtenir plus de leads que vous n'en avez actuellement. Et j'espère avoir levé le voile sur le mystère derrière l'obtention de leads.

De plus, comme vous êtes l'un des rares à finir ce que vous commencez, je tiens à vous laisser un cadeau en partant : une fable qui m'a aidé dans mes moments les plus difficiles.

Le dé à plusieurs faces

Imaginez que vous jouiez avec un ami à un jeu de dés. Vous recevez chacun un dé. L'un des dés a 20 faces. L'autre en a 200. Sur chaque dé, une seule face est verte. Les autres sont rouges.

Le but du jeu est simple : *Lancer le vert autant de fois que possible.*

Les règles du jeu sont les suivantes :

- *Vous ne pouvez pas voir combien de côtés vous avez. Vous pouvez seulement voir si vous obtenez un résultat rouge ou vert.*

- *Si vous obtenez un résultat vert, l'un de vos côtés rouges devient vert et vous pouvez recommencer.*

- *Si vous obtenez un résultat rouge, il ne se passe rien et vous devez recommencer.*

- *Le jeu se termine lorsque vous arrêtez de lancer. Et si vous arrêtez de lancer, vous perdez.*

Que faites-vous ?

Vous lancez le dé. Lorsque vous obtenez un résultat rouge, vous prenez le dé et recommencez. Lorsque les autres obtiennent un résultat vert, vous reprenez votre dé et recommencez. Lorsque vous obtenez un résultat vert, vous reprenez le dé et recommencez.

Vous vous dites toujours la même chose. « Plus je lance, plus j'obtiens de verts ». Au début, vous obtenez un résultat vert de temps en temps. Mais au fur et à mesure que les faces rouges deviennent vertes, les verts se multiplient. Avec un nombre suffisant de lancers, le vert devient la règle plutôt que l'exception.

Que fait votre ami ?

Il lance le dé plusieurs fois et obtient à chaque fois un rouge. Il voit que vous obtenez un vert et se plaint que vous devez avoir un dé avec moins de faces. Il se dit que c'est la *seule façon* dont vous auriez pu obtenir un vert avant lui. Et même si cela a été le cas, vous avez aussi lancé le dé beaucoup plus de fois. Alors, lequel des deux ?

Dans tous les cas, il lance encore plusieurs fois le dé par frustration et obtient un vert. Mais il se plaint ensuite du temps que cela a pris. Il a passé plus de temps à vous observer et à se plaindre qu'à jouer. Pendant ce temps, vous avez atteint votre série de verts. *C'est tellement plus facile pour toi*, se dit-il. *Tu obtiens des verts à chaque fois ! Ce jeu est truqué, alors à quoi bon ?* Il abandonne.

***

Qui a obtenu le dé à 20 faces ? Qui a le dé à 200 faces ? Si vous comprenez le jeu, vous verrez qu'une fois que vous aurez lancé suffisamment de fois, *le dé qui vous est donné n'aura plus d'importance*.

- Le dé avec moins de faces peut passer au vert plus tôt.

- Un dé avec plus de faces peut passer au vert plus tard.

- Mais un dé avec une face verte a toujours une chance de devenir vert... *si vous le lancez.*

- Chaque dé obtient un résultat vert lorsqu'il est lancé suffisamment de fois.

Chacun d'entre nous reçoit un dé à plusieurs faces. En regardant les autres joueurs, vous ne savez pas si c'est leur 100ème lancer ou leur 100 000ème.

Vous ne savez pas à quel point les autres joueurs sont « bons » lorsqu'ils commencent, vous ne pouvez que constater leurs performances actuelles. Mais si vous comprenez le jeu, vous savez aussi que *cela n'a pas d'importance.*

Certains commencent à jouer tôt. D'autres commencent beaucoup plus tard. Et le reste se tient à l'écart, se plaignant de la grande chance des joueurs. Je pense qu'il en est ainsi, mais ils sont plus chanceux parce qu'ils jouent. Et quand ils lancent le rouge, ce qui arrive, ils n'abandonnent pas. Ils relancent le jeu.

Apprendre à faire de la publicité ressemble beaucoup au jeu du dé à plusieurs faces. Vous ne savez pas si cela va marcher tant que vous n'avez pas essayé. Et lorsque vous commencerez à faire de la publicité, vous aurez probablement le rouge lors de vos premiers lancers. Mais si vous essayez suffisamment de fois, vous atteindrez le vert. Et lorsque cela fonctionne, vous avez une meilleure chance de réussir à nouveau. Plus vous le faites, plus c'est facile. Vous commencez à comprendre le jeu.

Quel que soit le nombre de joueurs ou le nombre de faces du dé qui vous est donné, vous commencez à voir les deux seules garanties :

1) Plus vous lancez, plus vous devenez performant.

2) Si vous abandonnez, vous perdez

Voici donc ma dernière certitude :

<u>Vous ne pouvez pas perdre si vous n'abandonnez pas.</u>

GOODIES GRATUITS :
APPELS À L'ACTION

Si c'est gratuit, c'est pour moi !

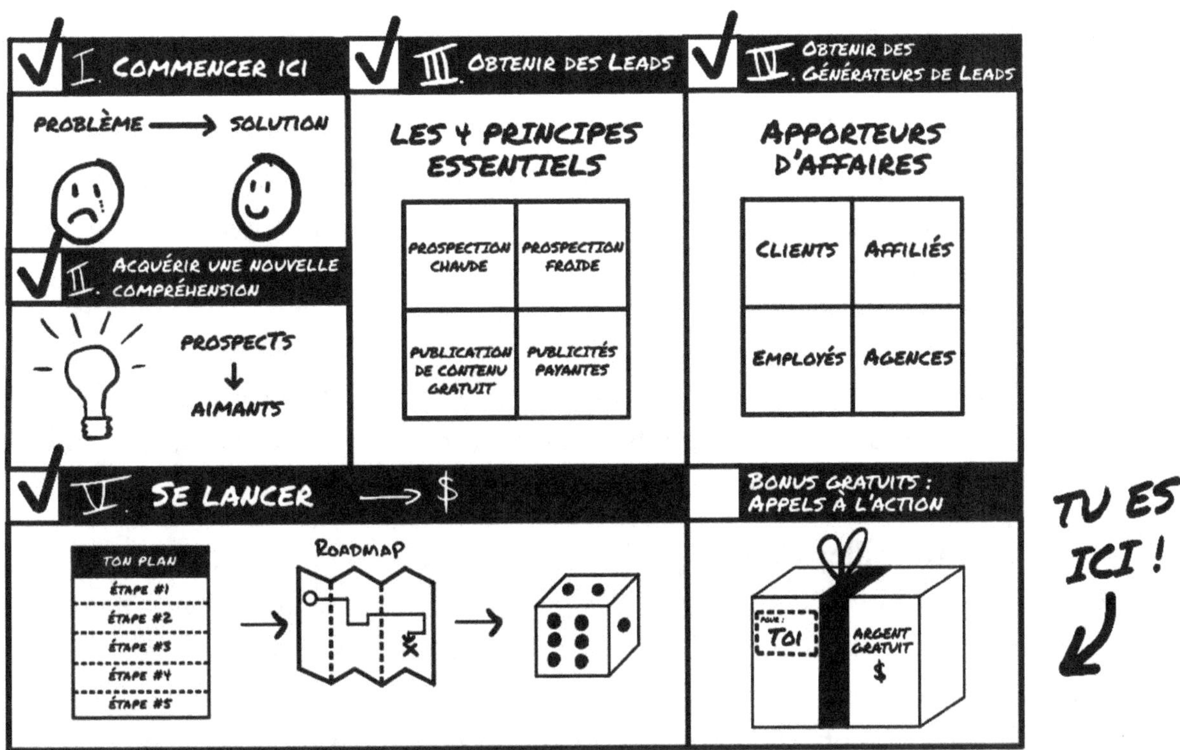

Je vais vous donner un tas de matériel gratuit dans une seconde - alors restez à l'écoute.

Le Dr. Kashey (mon éditeur) et moi avons passé plus de 3 500 heures sur ce livre. Nous avons écrit plus de 650 pages et 19 versions avec des cadres, des thèmes et des points d'intérêt différents. Mais en fin de compte, les changements apportés n'ont laissé à l'intérieur que l'essentiel de ce qu'il faut savoir. Nous avons parcouru 127 pages de modèles dessinés à la main pour en extraire les quelques uns qui ont été intégrés au livre. Tout cela pour dire que j'espère que ce travail vous permettra de développer le business de vos rêves.

Lorsque je repenserai à ma vie, ces livres feront partie des choses dont je serai le plus fier. Je ne serais pas capable d'écrire avec autant de ferveur si je ne pensais pas que les gens me liraient. Et quoique je m'efforce d'être l'homme qui travaillerait aussi dur même si personne ne s'en souciait, je n'en suis pas encore arrivé là.

Votre soutien et votre positivité font la différence pour moi. Je vous remercie donc du fond du cœur de me permettre de faire le travail qui me tient à cœur. Je vous en serai toujours reconnaissant.

Si vous êtes nouveau sur #mozination, soyez le bienvenu. Nous croyons aux grandes ambitions et à la nécessité d'associer nos ambitions à la générosité et à la patience. Et j'ai un objectif personnel dans cet esprit de don : *mourir sans plus rien avoir à donner.*

Si vous êtes toujours avec moi, je vous remercie. J'aimerais vous offrir d'autres petits cadeaux.

1) **Si vous avez du mal à savoir <u>à qui</u> vendre,** j'ai publié un chapitre intitulé « Votre premier avatar » entre ce livre et le précédent. Voyez-le comme un « single » d'un album de musique. Vous pouvez l'obtenir gratuitement sur <u>Acquisition.com/avatar</u>. Il vous suffit de laisser votre adresse électronique et nous vous l'enverrons.

2) **Si vous avez du mal à trouver <u>quoi vendre</u>**, vous pouvez aller sur Amazon ou tout autre site où vous achetez des livres et chercher « Alex Hormozi » et « Offres à 100 millions de dollars ». Cela devrait vous mettre sur la bonne voie.

3) **Si vous voulez travailler chez Acquisition.com** ou dans l'une des entreprises de notre portefeuille, nous adorons embaucher des personnes appartenant à #mozination. Nous aimons faire cela parce que nous avons trouvé nos meilleurs rendements en investissant dans des personnes formidables. Allez sur <u>Acquisition.com/careers/open-jobs</u>, et vous pourrez voir toutes les offres d'emploi dans toutes nos compagnies et notre portefeuille.

4) **Si votre entreprise a un EBITDA (bénéfice) supérieur à 1 million de dollars,** nous serions ravis d'investir dans votre entreprise pour vous aider à passer à l'échelle supérieure. J'ai beaucoup de plaisir à savoir que les entreprises de notre portefeuille se sont développées beaucoup plus rapidement que la mienne parce qu'elles ont évité les erreurs que j'ai commises. Si vous souhaitez que nous jetions un coup d'œil sous le capot de votre entreprise pour voir si nous pouvons vous aider, allez sur <u>Acquisition.com</u>. L'envoi de vos coordonnées est rapide et facile.

5) Pour obtenir **les téléchargements gratuits et les formations vidéo** qui accompagnent ce livre, visitez <u>Acquisition.com/training/leads</u>.

6) **Si vous aimez écouter des podcasts et que vous voulez en savoir plus,** mon podcast est, à l'heure où j'écris ces lignes, dans le top 5 de l'entrepreneuriat et dans le top 15 des affaires aux États-Unis. Vous pouvez y accéder en recherchant « Alex Hormozi », quel que soit la source que vous utilisez pour l'écouter. Ou en allant sur <u>Acquisition.com/podcast</u>.

J'y partage des histoires utiles et   intéressantes, des leçons précieuses et les modèles mentaux essentiels sur lesquels je m'appuie chaque jour.

7) **Si vous aimez regarder des vidéos,** nous avons consacré beaucoup de ressources à notre formation gratuite, accessible à tous. Nous avons l'intention de la rendre meilleure que toutes les formations payantes existantes, et nous vous laissons décider si nous avons réussi. Vous pouvez trouver nos vidéos sur YouTube ou sur tout autre site où vous regardez des vidéos en recherchant « Alex Hormozi ».

8) **Et si vous aimez les vidéos courtes,** vous pouvez consulter le contenu que nous produisons quotidiennement sur Acquisition.com/media. Vous y trouverez tous les endroits où nous publions et vous pourrez choisir ceux qui vous plaisent le plus.

Enfin, merci encore. S'il vous plaît, faites partie des généreux donateurs et **partagez ceci avec d'autres entrepreneurs en laissant un commentaire**. Cela signifierait beaucoup pour moi. Je vous envoie de bonnes vibes de développement d'entreprise depuis mon bureau. J'y passe beaucoup de temps, donc beaucoup de vibes ! Que votre désir soit plus fort que vos obstacles.

J'espère vous rencontrer bientôt, vous et votre entreprise. Ad astra.

Alex Hormozi, fondateur, Acquisition.com